ŒUVRES COMPLÈTES

DE

M. EUGÈNE SUE.

LES MYSTÈRES DE PARIS.

Ouvrages nouveaux de M. Eugène Sue,
QUI SE TROUVENT A LA MÊME LIBRAIRIE.

LATRÉAUMONT, 2 vol. in-8º.
ARTHUR, 4 vol. in-8º.
DELEYTAR, 2 vol. in-8º.
LE MARQUIS DE LÉTORIÈRE, 1 vol. in-8º.
JEAN CAVALIER, ou LES FANATIQUES DES CÉVENNES, 4 vol. in-8º.
DEUX HISTOIRES : HERCULE-HARDI ET LE COLONEL SURVILLE, 1772 — 1810, 2 vol. in-8º.
LE COMMANDEUR DE MALTE, histoire maritime du temps de Louis XIII, 2 vol. in-8º.
MATHILDE, MÉMOIRES D'UNE JEUNE FEMME, 6 vol. in-8º.
LE MORNE-AU-DIABLE, 2 volumes in-8º.
THÉRÈSE DUNOYER, 2 volumes in-8º.
LES MYSTÈRES DE PARIS, 10 vol. in-8º.
PAULA MONTI ou L'HÔTEL LAMBERT, 2 vol. in-8º.

Ouvrages de M. Eugène Sue
FAISANT PARTIE DE LA BIBLIOTHÈQUE D'ÉLITE.

LA SALAMANDRE, 1 vol. in-18, papier jésus vélin.
PLICK ET PLOCK, Nouvelles maritimes, 1 vol. in-18, papier jésus vélin.
ATAR GULL, Nouvelles maritimes, 1 vol. in-18, papier jésus vélin.
ARTHUR, 2 vol. in-18, papier jésus vélin.
LA COUCARATCHA, 2 vol. in-18, papier jésus vélin.
LA VIGIE DE KOAT-VEN, 2 vol. in-18, papier jésus vélin.

LES MYSTÈRES DE PARIS.

Par EUGÈNE SUE,
AUTEUR DE MATHILDE.

DIXIÈME ET DERNIÈRE SÉRIE.

Deuxième édition.

PARIS.
LIBRAIRIE DE CHARLES GOSSELIN,
Éditeur de la Bibliothèque d'Élite.
50, RUE JACOB.
MDCCCXLIII.

LES MYSTÈRES DE PARIS.

ÉPILOGUE.

CHAPITRE PREMIER.

GEROLSTEIN.

Le prince Henri d'Herkaüsen-Oldenzaal au comte Maximilien Kaminetz.

Oldenzaal, 25 août 1840 (1).

J'arrive de Gerolstein, où j'ai passé trois mois auprès du grand-duc et de sa famille; je croyais trouver une lettre m'annonçant votre arrivée à Oldenzaal, mon cher Maximi-

(1) Nous rappellerons au lecteur qu'environ quinze mois se sont passés depuis le jour où Rodolphe a quitté Paris par la barrière Saint-Jacques, après le meurtre du Chourineur.

lien. Jugez de ma surprise, de mon chagrin, lorsque j'apprends que vous êtes encore retenu en Hongrie pour plusieurs semaines.

Depuis quatre mois je n'ai pu vous écrire, ne sachant où vous adresser mes lettres, grâce à votre manière originale et aventureuse de voyager; vous m'aviez pourtant formellement promis à Vienne, au moment de notre séparation, de vous trouver le premier août à Oldenzaal. Il me faut donc renoncer au plaisir de vous voir, et pourtant jamais je n'aurais eu plus besoin d'épancher mon cœur dans le vôtre, mon bon Maximilien, mon plus vieil ami, car, quoique bien jeunes encore, notre amitié est ancienne, elle date de notre enfance.

Que vous dirai-je? depuis trois mois une révolution complète s'est opérée en moi... Je touche à l'un de ces instants qui décident de l'existence d'un homme... Jugez si votre présence, si vos conseils me manquent! Mais vous ne me manquerez pas long-temps, quels que soient les intérêts qui vous retiennent en

Hongrie; vous viendrez, Maximilien, vous viendrez, je vous en conjure, car j'aurai besoin sans doute de puissantes consolations... et je ne puis aller vous chercher. Mon père, dont la santé est de plus en plus chancelante, m'a rappelé de Gerolstein. Il s'affaiblit chaque jour davantage ; il m'est impossible de le quitter...

J'ai tant à vous dire que je serai prolixe, il me faut vous raconter l'époque la plus pleine, la plus romanesque de ma vie...

Étrange et triste hasard ! pendant cette époque nous sommes fatalement restés éloignés l'un de l'autre, nous *les inséparables*, nous *les deux frères*, nous les deux plus fervents apôtres de la trois fois sainte amitié ! nous enfin si fiers de prouver que le Carlos et le Posa de notre Schiller ne sont pas des idéalités, et que, comme ces divines créations du grand poète, nous savons goûter les suaves délices d'un tendre et mutuel attachement !

O mon ami, que n'êtes-vous là ! que n'étiez-vous là! Depuis trois mois mon cœur déborde d'émotions à la fois d'une douceur ou d'une tristesse inexprimable. Et j'étais seul, et je suis seul... Plaignez-moi, vous qui connaissez ma sensibilité quelquefois si bizarrement expansive, vous qui souvent avez vu mes yeux se mouiller de larmes au naïf récit d'une action généreuse, au simple aspect d'un beau soleil couchant, ou d'une nuit d'été paisible et étoilée! Vous souvenez-vous, l'an passé, lors de notre excursion aux ruines d'Oppenfeld... au bord du grand lac... nos rêveries silencieuses pendant cette magnifique soirée si remplie de calme, de poésie et de sérénité?

Bizarre contraste!.. C'était trois jours avant ce duel sanglant où je n'ai pas voulu vous prendre pour second, car j'aurais trop souffert pour vous, si j'avais été blessé sous vos yeux... ce duel où, pour une querelle de jeu, mon second, à moi, a malheureusement tué ce jeune Français, le vicomte de Saint-Remy... A propos, savez-vous ce qu'est devenue cette dangereuse sirène que M. de Saint-Remy avait amenée à Oppenfeld, et qui se nommait, je crois, Cecily David?

Mon ami, vous devez sourire de pitié en me voyant m'égarer ainsi parmi de vagues souvenirs du passé, au lieu d'arriver aux graves confidences que je vous annonce; c'est que, malgré moi, je recule l'instant de ces confidences; je connais votre sévérité, et j'ai peur d'être *grondé*, oui, grondé, parce qu'au lieu d'agir avec réflexion, avec sagesse (une sagesse de vingt et un ans, hélas!) j'ai agi follement, ou plutôt je n'ai pas agi... je me suis laissé aveuglément emporter au courant qui m'entraînait... et c'est seulement depuis mon retour de Gerolstein que je me suis pour ainsi dire éveillé du songe enchanteur qui m'a bercé pendant trois mois... et ce réveil est funeste...

Allons, mon ami, mon bon Maximilien, *je prends mon grand courage...* Écoutez-moi avec indulgence... Je commence en baissant les yeux; je n'ose vous regarder... car, en lisant ces lignes, vos traits doivent être devenus si graves, si sévères... homme stoïque !

Ayant obtenu un congé de six mois, je quittai Vienne et je restai ici quelque temps auprès de mon père; sa santé étant bonne alors, il me conseilla d'aller visiter mon excellente tante, la princesse Juliane, supérieure de l'abbaye de Gerolstein. Je vous ai dit, je crois, mon ami, que mon aïeule était cousine germaine de l'aïeul du grand-duc actuel, et que ce dernier, Gustave-Rodolphe, grâce à cette parenté, a toujours bien voulu nous traiter, moi et mon père, très-affectueusement de *cousins*. Vous savez aussi, je crois, que pendant un assez long voyage que le prince fit dernièrement en France, il chargea mon père de l'administration du grand-duché.

Ce n'est nullement par orgueil, vous le pensez, mon ami, que je vous parle de ces circonstances, c'est pour vous expliquer les causes de l'extrême intimité dans laquelle j'ai vécu avec le grand-duc et sa famille pendant mon séjour à Gerolstein.

Vous souvenez-vous que l'an passé, lors de notre voyage des bords du Rhin, on nous apprit que le prince avait retrouvé en France et épousé *in extremis* madame la comtesse Mac-Gregor, afin de légitimer la naissance d'une fille qu'il avait eue d'elle, lors d'une première union secrète, plus tard cassée pour vice de forme, et parce qu'elle avait été contractée malgré la volonté du grand-duc alors régnant?

Cette jeune fille, ainsi solennellement reconnue, est cette charmante princesse Amélie (1) dont lord Dudley qui l'avait vue à Gerolstein, il y a maintenant une année environ, nous parlait cet hiver, à Vienne, avec un enthousiasme que nous accusions d'exagération... Étrange hasard!.. qui m'eût dit alors!!!

(1) Le nom de Marie rappelant à Rodolphe et à sa fille de tristes souvenirs, il lui avait donné le nom d'Amélie, l'un des noms de sa mère à lui.

Mais, quoique vous ayez sans doute maintenant à peu près deviné mon secret, laissez-moi suivre la marche des événements sans l'intervertir...

Le couvent de Saint-Hermangilde, dont ma tante est abbesse, est à peine éloigné d'un demi-quart de lieue de Gerolstein, car les jardins de l'abbaye touchent aux faubourgs de la ville; une charmante maison, complétement isolée du cloître, avait été mise à ma disposition par ma tante, qui m'aime, vous le savez, avec une tendresse maternelle.

Le jour de mon arrivée, elle m'apprit qu'il y avait le lendemain réception solennelle et fête à la cour, le grand-duc devant ce jour-là officiellement annoncer son prochain mariage avec madame la marquise d'Harville, arrivée depuis peu à Gerolstein, accompagnée de son père M. le comte d'Orbigny (1).

(1) Nous rappellerons au lecteur, pour la vraisemblance de ce récit, que la dernière princesse souveraine de Courlande, femme aussi remarquable par la rare supériorité de son esprit que par le charme de son caractère et l'adorable bonté de son cœur, était mademoiselle de Medem.

ÉPILOGUE.

Les uns blâmaient le prince de n'avoir pas recherché encore cette fois une alliance souveraine (la grande-duchesse dont le prince était veuf appartenait à la maison de Bavière); d'autres au contraire, et ma tante était du nombre, le félicitaient d'avoir préféré à des vues d'ambitieuses convenances une jeune et aimable femme qu'il adorait, et qui appartenait à la plus haute noblesse de France. Vous savez d'ailleurs, mon ami, que ma tante a toujours eu pour le grand-duc Rodolphe l'attachement le plus profond ; mieux que personne elle pouvait apprécier les éminentes qualités du prince.

— Mon cher enfant — me dit-elle à propos de cette réception solennelle où je devais me rendre le lendemain de mon arrivée — mon cher enfant, ce que vous verrez de plus merveilleux dans cette fête sera sans contredit la *perle de Gerolstein.*

— De qui voulez-vous parler, ma bonne tante?

— De la princesse Amélie...

— La fille du grand-duc? En effet, lord Dudley nous en avait parlé à Vienne avec un enthousiasme que nous avions taxé d'exagération poétique.

— A mon âge, avec mon caractère et dans ma position — reprit ma tante — on s'exalte assez peu; aussi vous croirez à l'impartialité de mon jugement, mon cher enfant. Eh bien! je vous dis, moi, que de ma vie je n'ai rien connu de plus enchanteur que la princesse Amélie. Je vous parlerais de son angélique beauté, si elle n'était pas douée d'un charme inexprimable qui est encore supérieur à la beauté. Figurez-vous la candeur dans la dignité et la grâce dans la modestie. Dès le premier jour où le grand-duc m'a présentée à elle, j'ai senti pour cette jeune princesse une sympathie involontaire. Du reste, je ne suis pas la seule : l'archiduchesse Sophie est à Gerolstein depuis quelques jours; c'est bien la plus fière et la plus hautaine princesse que je sache...

— Il est vrai, ma tante, son ironie est terrible, peu de personnes échappent à ses mordantes plaisanteries. A Vienne on la craignait comme le feu... La princesse Amélie aurait-elle trouvé grâce devant elle ?

— L'autre jour elle vint ici après avoir visité la maison d'asile placée sous la surveillance de la jeune princesse. — Savez-vous une chose ? — me dit cette redoutable archiduchesse avec sa brusque franchise — j'ai l'esprit singulièrement tourné à la satire, n'est-ce pas ? Eh bien ! si je vivais long-temps avec la fille du grand-duc, je deviendrais, j'en suis sûre, inoffensive... tant sa bonté est pénétrante et *contagieuse*.

— Mais c'est donc une enchanteresse que ma cousine ? — dis-je à ma tante en souriant.

— Son plus puissant attrait, à mes yeux du moins — reprit ma tante — est ce mélange de douceur, de modestie et de dignité dont je vous ai parlé, et qui donne à son visage angélique l'expression la plus touchante.

— Certes, ma tante, la modestie est une rare qualité chez une princesse si jeune, si belle et si heureuse.

— Songez encore, mon cher enfant, qu'il est d'autant mieux à la princesse Amélie de jouir sans ostentation vaniteuse de la haute position qui lui est incontestablement acquise, que son élévation est récente... (1)

— Et dans son entretien avec vous, ma tante, la princesse a-t-elle fait quelque allusion à sa fortune passée?

— Non; mais lorsque, malgré mon grand âge, je lui parlai avec le respect qui lui est dû, puisque Son Altesse est la fille de notre souverain, son trouble ingénu, mêlé de reconnaissance et de vénération pour moi, m'a profondément émue; car sa réserve, remplie de noblesse et d'affabilité, me prouvait que le présent ne

---

(1) En arrivant en Allemagne, Rodolphe avait dit que Fleur-de-Marie, long-temps crue morte, n'avait jamais quitté sa mère la comtesse Sarah.

l'enivrait pas assez pour qu'elle oubliât le passé, et qu'elle rendait à mon âge ce que j'accordais à son rang.

— Il faut en effet — dis-je à ma tante — un tact exquis pour observer ces nuances si délicates.

— Aussi, mon cher enfant, plus j'ai vu la princesse Amélie, plus je me suis félicitée de ma première impression. Depuis qu'elle est ici, ce qu'elle a fait de bonnes œuvres est incroyable, et cela avec une réflexion, une maturité de jugement qui me confondent chez une personne de son âge. Jugez-en : à sa demande, le grand-duc a fondé à Gerolstein un établissement pour les petites filles orphelines de cinq ou six ans et pour les jeunes filles, orphelines aussi ou abandonnées, qui ont atteint seize ans, âge si fatal pour les infortunées que rien ne défend contre la séduction du vice ou l'obsession du besoin. Ce sont des religieuses nobles de mon abbaye qui enseignent et dirigent les pensionnaires de cette maison. En allant la visiter, j'ai eu souvent occasion de juger de l'adoration que ces pauvres créatures déshéritées ont pour la princesse Amélie. Chaque jour elle va passer quelques heures dans cet établissement, placé sous sa protection spéciale; et, je vous le répète, mon enfant, ce n'est pas seulement du respect, de la reconnaissance, que les pensionnaires et les religieuses ressentent pour Son Altesse, c'est presque du fanatisme.

— Mais c'est un ange que la princesse Amélie — dis-je à ma tante.

— Un ange... oui, un ange — reprit-elle — car vous ne pouvez vous imaginer avec quelle attendrissante bonté elle traite ses protégées, de quelle pieuse sollicitude elle les entoure. Jamais je n'ai vu ménager avec plus de délicatesse la susceptibilité du malheur; on dirait qu'une irrésistible sympathie attire surtout la princesse vers cette classe de pauvres abandonnées. Enfin, le croiriez-vous? elle..... fille d'un souverain, n'appelle jamais autrement ces jeunes filles que *mes sœurs*.

ÉPILOGUE.

A ces derniers mots de ma tante, je vous l'avoue, Maximilien, une larme me vint aux yeux. Ne trouvez-vous pas en effet belle et sainte la conduite de cette jeune princesse? Vous connaissez ma sincérité, je vous jure que je vous rapporte et que je vous rapporterai toujours presque textuellement les paroles de ma tante.

— Puisque la princesse — lui dis-je — est si merveilleusement douée, j'éprouverai un grand trouble lorsque demain je lui serai présenté; vous connaissez mon insurmontable timidité, vous savez que l'élévation du caractère m'impose encore plus que le rang; je suis donc certain de paraître à la princesse aussi stupide qu'embarrassé; j'en prends mon parti d'avance.

— Allons, allons — me dit ma tante en souriant — elle aura pitié de vous, mon cher enfant, d'autant plus que vous ne serez pas pour elle une nouvelle connaissance.

— Moi, ma tante?

— Sans doute.

— Et comment cela?

— Vous vous souvenez que lorsqu'à l'âge de seize ans vous avez quitté Oldenzaal pour faire un voyage en Russie et en Angleterre avec votre père, j'ai fait faire de vous un portrait dans le costume que vous portiez au premier bal costumé donné par feu la grande duchesse.

— Oui, ma tante, un costume de page allemand du seizième siècle.

— Notre excellent peintre, Fritz Mocker, tout en reproduisant fidèlement vos traits, n'avait pas seulement retracé un personnage du seizième siècle; mais, par un caprice d'artiste, il s'était plu à imiter jusqu'à la manière et jusqu'à la vétusté des tableaux peints à cette époque. Quelques jours après son arrivée en Allemagne, la princesse Amélie, étant venue me voir avec son père, remarqua votre portrait, et me demanda naïvement quelle était cette charmante figure des temps passés? Son

père sourit, me fit un signe, et lui répondit :
« Ce portrait est celui d'un de nos cousins, qui aurait maintenant, vous le voyez, à son costume, ma chère Amélie, quelque trois cents ans, mais qui, bien jeune, avait déjà témoigné d'une rare intrépidité et d'un cœur excellent : ne porte-t-il pas, en effet, la bravoure dans le regard et la bonté dans le sourire ? »

(Je vous en supplie, Maximilien, ne haussez pas les épaules avec un impatient dédain en me voyant écrire de telles choses à propos de *moi-même*; cela me coûte, vous devez le croire; mais la suite de ce récit vous prouvera que ces puérils détails, dont je sens le ridicule amer, sont malheureusement indispensables. Je ferme cette parenthèse, et je continue.)

— La princesse Amélie — reprit ma tante — dupe de cette innocente plaisanterie, partagea l'avis de son père sur l'expression douce et fière de votre physionomie, après avoir plus attentivement considéré le portrait. Plus tard, lorsque j'allais la voir à Gerolstein, elle me demanda en souriant des nouvelles de *son cousin des temps passés.* Je lui avouai alors notre supercherie, lui disant que le beau page du seizième siècle était simplement mon neveu, le prince Henry d'Herkaüsen-Oldenzaal, actuellement âgé de vingt et un ans, capitaine aux gardes de S. M. l'empereur d'Autriche, et en tout, sauf le costume, fort ressemblant d'ailleurs à son portrait. A ces mots, la princesse Amélie — ajouta ma tante — rougit et redevint sérieuse, comme elle l'est presque toujours. Depuis, elle ne m'a naturellement jamais reparlé du tableau. Néanmoins, vous voyez, mon cher enfant, que vous ne serez pas complétement un étranger et un nouveau visage pour *votre cousine,* comme dit le grand-duc. Ainsi donc rassurez-vous, et soutenez l'honneur de votre portrait — ajouta ma tante en souriant.

Cette conversation avait eu lieu, je vous l'ai dit, mon cher Maximilien, la veille du jour où je devais être présenté à la princesse ma cousine ; je quittai ma tante et je rentrai chez moi.

Je ne vous ai jamais caché mes plus secrètes pensées, bonnes ou mauvaises; je vais donc vous avouer à quelles absurdes et folles imaginations je me laissai entraîner après l'entretien que je viens de vous rapporter.

CHAPITRE II.

GEROLSTEIN.

Le prince Henri d'Herkausen-Oldenzaal au comte Maximilien Kaminetz.

Vous m'avez dit bien des fois, mon cher Maximilien, que j'étais dépourvu de toute vanité; je le crois, j'ai besoin de le croire pour continuer ce récit sans m'exposer à passer à vos yeux pour un présomptueux.

Lorsque je fus seul chez moi, me rappelant l'entretien de ma tante, je ne pus m'empêcher de songer, avec une secrète satisfaction, que la princesse Amélie, ayant remarqué ce portrait de moi fait depuis six ou sept ans, avait quelques jours après demandé, en plaisantant, des nouvelles de *son cousin des temps passés.*

Rien n'était plus sot que de baser le moindre espoir sur une circonstance aussi insignifiante, j'en conviens; mais, je vous l'ai dit, je serai comme toujours, envers vous, de la plus entière franchise : eh bien! cette insignifiante circonstance me ravit. Sans doute les louanges que j'avais entendu donner à la princesse Amélie par une femme aussi grave, aussi austère que ma tante, en élevant davantage la princesse à mes yeux, me rendaient plus sensible encore la distinction qu'elle avait daigné m'accorder... ou plutôt qu'elle avait accordée à mon portrait... Pourtant, que vous dirai-je! cette distinction éveilla en moi des espérances si folles, que, jetant à cette heure un regard plus calme sur le passé, je me demande comment j'ai pu me laisser entraîner à ces pensées qui aboutissaient inévitablement à un abîme.

Quoique parent du grand-duc, et toujours

ÉPILOGUE.

parfaitement accueilli de lui, il m'était impossible de concevoir la moindre espérance de mariage avec la princesse, lors même qu'elle eût agréé mon amour, ce qui était plus qu'improbable. Notre famille tient honorablement à son rang, mais elle est pauvre, si on compare notre fortune aux immenses domaines du grand-duc, le prince le plus riche de la Confédération Germanique; et puis enfin j'avais vingt et un ans à peine, j'étais simple capitaine aux gardes, sans renom, sans position personnelle; jamais, en un mot, le grand-duc ne pouvait songer à moi pour sa fille.

Toutes ces réflexions auraient dû me préserver d'une passion que je n'éprouvais pas encore, mais dont j'avais pour ainsi dire le singulier pressentiment. Hélas! je m'abandonnai au contraire à de nouvelles puérilités. Je portais au doigt une bague qui m'avait été autrefois donnée par Thécla (la bonne comtesse que vous connaissez); quoique ce gage d'un amour étourdi, facile et léger ne pût *me gêner* beaucoup, j'en fis héroïquement le sacrifice à mon amour naissant, et le pauvre anneau disparut dans les eaux rapides de la rivière qui coule sous mes fenêtres.

Vous dire la nuit que je passai est inutile; vous la devinez. Je savais la princesse Amélie blonde et d'une angélique beauté; je tâchai de m'imaginer ses traits, sa taille, son maintien, le son de sa voix, l'expression de son regard; puis, songeant à mon portrait qu'elle avait remarqué, je me rappelai à regret que l'artiste maudit m'avait dangereusement flatté; de plus je comparais avec désespoir le costume pittoresque du page du quinzième siècle au sévère uniforme du capitaine aux gardes de S. M. I. Puis à ces niaises préoccupations succédaient çà et là, je vous l'assure, mon ami, quelques pensées généreuses, quelques nobles élans de l'âme; je me sentais ému, oh! profondément ému, au ressouvenir de cette adorable bonté de la princesse Amélie qui appelait les pauvres abandonnées qu'elle protégeait — *ses sœurs*, m'avait dit ma tante.

Enfin, bizarre et inexplicable contraste, j'ai, vous le savez, la plus humble opinion de moi-même... et j'étais cependant assez glorieux pour supposer que la vue de mon portrait avait frappé la princesse; j'avais assez de bon sens pour comprendre qu'une distance infranchissable me séparait d'elle à jamais... et cependant je me demandais avec une véritable anxiété si elle ne me trouvait pas trop indigne de mon portrait. Enfin je ne l'avais jamais vue, j'étais convaincu d'avance qu'elle me remarquerait à peine... et cependant je me croyais le droit de lui sacrifier le gage de mon premier amour.

Je passai dans de véritables angoisses la nuit dont je vous parle et une partie du lendemain. L'heure de la réception arriva. J'essayai deux ou trois habits d'uniforme, les trouvant plus mal faits les uns que les autres, et je partis pour le palais grand-ducal très-mécontent de moi.

Quoique Gerolstein soit à peine éloigné

d'un quart de lieue de l'abbaye de Saint-Hermangilde, durant ce court trajet mille pensées m'assaillirent, toutes les puérilités dont j'avais été si occupé disparurent devant une idée grave, triste, presque menaçante... un invincible pressentiment m'annonçait une de ces crises qui dominent la vie tout entière, une sorte de révélation me disait que j'allais aimer... aimer passionnément, aimer comme on n'aime qu'une fois... et, pour comble de fatalité, cet amour aussi hautement que dignement placé devait être pour moi toujours malheureux.

Ces idées m'effrayèrent tellement, que je pris tout à coup la sage résolution de faire arrêter ma voiture, de revenir à l'abbaye et d'aller rejoindre mon père, laissant à ma tante le soin d'excuser mon brusque départ auprès du grand-duc...

Malheureusement une de ces causes vulgaires dont les effets sont quelquefois immenses, m'empêcha d'exécuter mon premier dessein. Ma voiture étant arrêtée à l'entrée de l'avenue qui conduit au palais, je me penchais à la portière pour donner à mes gens ordre de retourner, lorsque le baron et la baronne Koller, qui, comme moi, se rendaient à la cour, m'aperçurent et firent aussi arrêter leur voiture. Le baron, me voyant en uniforme, me dit : « Pourrai-je vous être bon à quelque chose, mon cher prince? que vous arrive-t-il? Puisque vous allez au palais, montez avec nous... dans le cas où un accident serait arrivé à vos chevaux. »

Rien ne m'était plus facile, n'est-ce pas, mon ami, que de trouver une défaite pour quitter le baron et regagner l'abbaye? Eh bien! soit impuissance, soit secret désir d'échapper à la détermination salutaire que je venais de prendre, je répondis d'un air embarrassé que je donnais ordre à mon cocher de s'informer à la grille du palais si l'on y entrait par le pavillon neuf ou par la cour de marbre. — « On entre par la cour de marbre, mon cher prince — me répondit le baron — car c'est une réception de grand gala. Dites à votre voiture de suivre la mienne, je vous indiquerai le chemin... »

Vous savez, Maximilien, combien je suis fataliste; je voulais retourner à l'abbaye pour m'épargner les chagrins que je pressentais, le sort s'y opposait, je m'abandonnai à mon étoile... Vous ne connaissez pas le palais grand-ducal de Gerolstein, mon ami? Selon tous ceux qui ont visité les capitales de l'Europe, il n'est pas, à l'exception de Versailles, une résidence royale dont l'ensemble et les abords soient d'un aspect plus majestueux. Si j'entre dans quelques détails à ce sujet, c'est qu'en me souvenant à cette heure de ces imposantes splendeurs, je me demande comment elles ne m'ont pas tout d'abord rappelé à mon néant; car enfin la princesse Amélie était fille du souverain maître de ce palais, de ces gardes, de ces richesses merveilleuses.

La *cour de marbre*, vaste hémicycle, est ainsi appelée parce que, à l'exception d'un large chemin de ceinture où circulent les voitures, elle est dallée de marbres de toutes couleurs, formant de magnifiques mosaïques, au centre desquelles se dessine un immense bassin revêtu de brèche antique, alimenté par d'abondantes eaux qui tombent incessamment d'une large vasque de porphyre.

Cette cour d'honneur est circulairement entourée d'une rangée de statues de marbre blanc du plus haut style, portant des torchères de bronze doré, d'où jaillissent des flots de gaz éblouissant. Alternant avec ces statues, des vases Médicis, exhaussés sur leurs socles richement sculptés, renfermaient d'énormes lauriers-roses, véritables buissons fleuris, dont le feuillage lustré vu aux lumières resplendissait d'une verdure métallique.

Les voitures s'arrêtaient au pied d'une double rampe à balustres qui conduisait au péristyle du palais; au pied de cet escalier se tenaient en vedette, montés sur leurs chevaux noirs, deux cavaliers du régiment des gardes du grand-duc, qui choisit ces soldats parmi les sous-officiers les plus grands de son armée. Vous, mon ami, qui aimez tant les gens de guerre, vous eussiez été frappé de la tournure sévère et martiale de ces deux colosses, dont la cuirasse et le casque d'acier d'un profil antique, sans cimier ni crinière, étincelaient aux lumières; ces cavaliers portaient l'habit bleu à collet jaune, le pantalon de daim blanc et les bottes fortes montant au-dessus du genou. Enfin pour vous, mon ami, qui aimez ces détails militaires, j'ajouterai qu'au haut de l'escalier, de chaque côté de la porte deux grenadiers du régiment d'infanterie de la garde grand'ducale étaient en faction. Leur tenue, sauf la couleur de l'habit et des revers, ressemblait, m'a-t-on dit, à celle des grenadiers de Napoléon.

Après avoir traversé le vestibule où se tenaient hallebardes en main les suisses de livrée du prince, je montai un imposant escalier de marbre blanc qui aboutissait à un portique orné de colonnes de jaspe et surmonté d'une coupole peinte et dorée. Là se trouvaient deux longues files de valets de pied. J'entrai ensuite dans la salle des gardes, à la porte de laquelle se tenaient toujours un chambellan et un aide-de-camp de service, chargés de conduire auprès de Son Altesse Royale les personnes qui avaient droit à lui être particulièrement présentées. Ma parenté, quoique éloignée, me valut cet honneur : un aide-de-camp me précéda dans une longue galerie remplie d'hommes en habits de cour ou d'uniforme, et de femmes en grande parure.

Pendant que je traversais lentement cette foule brillante, j'entendis quelques paroles qui augmentèrent encore mon émotion : de tous côtés on admirait l'angélique beauté de la princesse Amélie, les traits charmants de la marquise d'Harville, et l'air véritablement impérial de l'archiduchesse Sophie, qui, récemment arrivée de Munich avec l'archiduc Stanislas, allait bientôt repartir pour Varsovie; mais tout en rendant hommage à l'altière dignité de l'archiduchesse, à la gracieuse distinction de la marquise d'Harville, on reconnaissait que rien n'était plus idéal que la figure enchanteresse de la princesse Amélie.

A mesure que j'approchais de l'endroit où se tenaient le grand-duc et sa fille, je sentais mon cœur battre avec violence. Au moment où j'arrivai à la porte de ce salon (j'ai oublié de vous dire qu'il y avait bal et concert à la cour), l'illustre Liszt venait de se mettre au piano; aussi le silence le plus recueilli succéda-t-il au léger murmure des conversations. En attendant la fin du morceau, que le grand artiste jouait avec sa supériorité accoutumée, je restai dans l'embrasure d'une porte.

Alors, mon cher Maximilien, pour la première fois je vis la princesse Amélie... Laissez-moi vous dépeindre cette scène, car j'éprouve un charme indicible à rassembler ces souvenirs.

Figurez-vous, mon ami, un vaste salon

meublé avec une somptuosité royale, éblouissant de lumières et tendu d'étoffe de soie cramoisie, sur laquelle courait un feuillage d'or brodé en relief. Au premier rang, sur de grands fauteuils dorés, se tenaient l'archiduchesse Sophie (le prince lui faisait les honneurs de son palais), à sa gauche madame la marquise d'Harville, et à sa droite la princesse Amélie; debout derrière elles était le grand-duc portant l'uniforme de colonel de ses gardes; il semblait rajeuni par le bonheur et ne pas avoir plus de trente ans; l'habit militaire faisait encore valoir l'élégance de sa taille et la beauté de ses traits; auprès de lui était l'archiduc Stanislas en costume de feld-maréchal; puis venaient ensuite les dames d'honneur de la princesse Amélie, les femmes des grands dignitaires de la cour, et enfin ceux-ci.

Ai-je besoin de vous dire que la princesse Amélie, moins encore par son rang que par sa grâce et sa beauté, dominait cette foule étincelante. Ne me condamnez pas, mon ami, sans lire ce portrait... Quoiqu'il soit mille fois encore au-dessous de la réalité, vous comprendrez mon adoration ; vous comprendrez que dès que je la vis... je l'aimai, et que la rapidité de cette passion ne put être égalée que par sa violence et son éternité.

La princesse Amélie, vêtue d'une simple robe de moire blanche, portait, comme l'archiduchesse Sophie, le grand cordon de l'ordre impérial de Saint-Népomucène, qui lui avait été récemment envoyé par l'impératrice. Un bandeau de perles, entourant son front noble et candide, s'harmonisait à ravir avec les deux grosses nattes de cheveux d'un blond cendré magnifique qui encadraient ses joues légèrement rosées; ses bras charmants, plus blancs encore que les flots de dentelle d'où ils sortaient, étaient à demi cachés par des gants qui s'arrêtaient au-dessous de son coude à fossette; rien de plus accompli que sa taille, rien de plus joli que son pied chaussé de satin blanc. Au moment où je la vis, ses grands yeux du plus pur azur étaient rêveurs; je ne sais même si à cet instant elle subissait l'influence de quelque pensée sérieuse ou si elle était vivement impressionnée par la sombre harmonie du morceau que jouait Liszt; mais son demi-sourire me parut d'une douceur et d'une mélancolie indicibles... La tête légèrement baissée sur sa poitrine, elle effeuillait machinalement un gros bouquet d'œillets blancs et de roses qu'elle tenait à la main...

Jamais je ne pourrai vous exprimer ce que je ressentis alors : tout ce que m'avait dit ma tante de l'ineffable bonté de la princesse Amélie me revint à la pensée... Souriez, mon ami... mais malgré moi je sentis mes yeux devenir humides en voyant rêveuse, presque triste, cette jeune fille si admirablement belle, entourée d'honneurs, de respects et idolâtrée par un père tel que le grand-duc...

Maximilien, je vous l'ai souvent dit : de même que je crois l'homme incapable de goûter certains bonheurs pour ainsi dire trop complets, trop immenses pour ses facultés bornées, de même aussi je crois certains êtres trop divinement doués pour ne pas quelquefois sentir avec amertume combien ils sont *esseulés* ici-bas, et pour ne pas alors regretter vaguement leur exquise délicatesse, qui les expose à tant de déceptions, à tant de froissements ignorés des natures moins choisies... Il me semblait qu'alors la princesse Amélie éprouvait la réaction d'une pensée pareille.

Tout à coup, par un hasard étrange (tout est fatalité dans ceci), elle tourna machinalement les yeux du côté où je me trouvais.

Vous savez combien l'étiquette et la hiérarchie des rangs est scrupuleusement observée chez nous. Grâce à mon titre et aux liens de parenté qui m'attachent au grand-duc, les personnes au milieu desquelles je m'étais d'abord placé s'étaient peu à peu reculées, de sorte que je restai presque seul et très en évidence au premier rang, dans l'embrasure de la porte de la galerie.

ÉPILOGUE.

Il fallut cette circonstance pour que la princesse Amélie, sortant de sa rêverie, m'aperçût et me remarquât sans doute, car elle fit un léger mouvement de surprise et rougit.

Elle avait vu mon portrait à l'abbaye, chez ma tante, elle me reconnaissait, rien de plus simple. La princesse m'avait à peine regardé pendant une seconde, mais ce regard me fit éprouver une commotion violente, profonde; je sentis mes joues en feu, je baissai les yeux et je restai quelques minutes sans oser les lever de nouveau sur la princesse... Lorsque je m'y hasardai, elle causait tout bas avec l'archiduchesse Sophie, qui semblait l'écouter avec le plus affectueux intérêt.

Liszt ayant mis un intervalle de quelques minutes entre les deux morceaux qu'il devait jouer, le grand-duc profita de ce moment pour lui exprimer son admiration de la manière la plus gracieuse. Le prince, revenant à sa place, m'aperçut, me fit un signe de tête rempli de bienveillance, et dit quelques mots à l'archiduchesse en me désignant du regard. Celle-ci, après m'avoir un instant considéré, se retourna vers le grand-duc, qui ne put s'empêcher de sourire en lui répondant et en adressant la parole à sa fille. La princesse Amélie me parut embarrassée, car elle rougit de nouveau.

J'étais au supplice; malheureusement l'étiquette ne me permettait pas de quitter la place où je me trouvais avant la fin du concert, qui recommença bientôt. Deux ou trois fois je regardai la princesse Amélie à la dérobée; elle me sembla pensive et attristée; mon cœur se serra; je souffrais de la légère contrariété que je venais de lui causer involontairement et que je croyais deviner. Sans doute le grand-duc lui avait demandé en plaisantant si elle me trouvait quelque ressemblance avec le portrait de son *cousin des temps passés;* et dans son ingénuité elle se reprochait peut-être de n'avoir pas dit à son père qu'elle m'avait déjà reconnu.

Le concert terminé, je suivis l'aide-de-camp

de service; il me conduisit auprès du grand-duc, qui voulut bien faire quelques pas au-devant de moi, me prit cordialement par le bras, et dit à l'archiduchesse Sophie en s'approchant d'elle :

— Je demande à Votre Altesse Impériale la permission de lui présenter mon cousin le prince Henri de Herkaüsen-Oldenzaal.

— J'ai déjà vu le prince à Vienne, et je le retrouve ici avec plaisir — répondit l'archiduchesse devant laquelle je m'inclinai profondément.

— Ma chère Amélie — reprit le prince en s'adressant à sa fille — je vous présente le prince Henri, votre cousin ; il est fils du prince Paul, l'un de mes plus vénérables amis, que je regrette bien de ne pas voir aujourd'hui à Gerolstein.

— Voudriez-vous, monsieur, faire savoir au prince Paul que je partage vivement les regrets de mon père, car je serai toujours bien heureuse de connaître ses amis — me répondit ma cousine avec une simplicité pleine de grâce...

Je n'avais jamais entendu le son de la voix de la princesse; imaginez-vous, mon ami, le timbre le plus doux, le plus frais, le plus harmonieux, enfin un de ces accents qui font vibrer les cordes les plus délicates de l'âme.

— J'espère, mon cher Henri, que vous resterez quelque temps chez votre tante que j'aime, que je respecte comme ma mère, vous le savez — me dit le grand-duc avec bonté. — Venez souvent nous voir en famille, à la fin de la matinée, sur les trois heures; si nous sortons, vous partagerez notre promenade : vous savez que je vous ai toujours aimé, parce que vous êtes un des plus nobles cœurs que je connaisse.

— Je ne sais comment exprimer à Votre Altesse Royale ma reconnaissance pour le bienveillant accueil qu'elle daigne me faire.

ÉPILOGUE.

— Eh bien! pour me prouver votre reconnaissance — dit le prince en souriant — invitez votre cousine pour la deuxième contredanse, car la première appartient de droit à l'archiduc.

— Votre Altesse voudra-t-elle m'accorder cette grâce?... — dis-je à la princesse Amélie en m'inclinant devant elle.

— Appelez-vous simplement *cousin* et *cousine*, selon la bonne vieille coutume allemande — dit gaiement le grand-duc; — le cérémonial ne convient pas entre parents.

— Ma cousine me fera-t-elle l'honneur de danser cette contredanse avec moi?

— Oui, mon cousin — me répondit la princesse Amélie.

CHAPITRE III.

GEROLSTEIN.

Le prince Henri d'Herkaüsen-Oldenzaal au comte Maximilien Kaminetz.

Oldenzaal, le 25 août 1840.

Je ne saurais vous dire, mon ami, combien je fus à la fois heureux et peiné de la paternelle cordialité du grand-duc ; la confiance qu'il me témoignait, l'affectueuse bonté avec laquelle il avait engagé sa fille et moi à substituer aux formules de l'étiquette ces appellations de famille d'une intimité si douce, tout me pénétrait de reconnaissance ; je me reprochais d'autant plus amèrement le charme fatal d'un amour qui ne devait ni ne pouvait être agréé par le prince.

Je m'étais promis, il est vrai (je n'ai pas failli à cette résolution), de ne jamais dire un mot qui pût faire soupçonner à ma cousine l'amour que je ressentais; mais je craignais que mon émotion, que mes regards me trahissent... Malgré moi pourtant, ce sentiment, si muet, si caché qu'il dût être, me semblait coupable.

J'eus le temps de faire ces réflexions pendant que la princesse Amélie dansait la première contredanse avec l'archiduc Stanislas. Ici, comme partout, la danse n'est plus qu'une sorte de marche qui suit la mesure de l'orchestre; rien ne pouvait faire valoir davantage la grâce sérieuse du maintien de ma cousine.

J'attendais avec un bonheur mêlé d'anxiété le moment d'entretien que la liberté du bal allait me permettre d'avoir avec elle. Je fus assez maître de moi pour cacher mon trouble lorsque j'allai la chercher auprès de la marquise d'Harville.

En songeant aux circonstances du portrait, je m'attendais à voir la princesse Amélie partager mon embarras; je ne me trompais pas, je me souviens presque mot pour mot de notre première conversation; laissez-moi vous la rapporter, mon ami :

— Votre Altesse me permettra-t-elle — lui dis-je — de l'appeler *ma cousine*, ainsi que le grand-duc m'y autorise?

— Sans doute, mon cousin — me répondit-elle avec grâce; — je suis toujours heureuse d'obéir à mon père.

— Et je suis d'autant plus fier de cette familiarité, ma cousine, que j'ai appris par ma tante à vous connaître, c'est-à-dire à vous apprécier.

— Souvent aussi mon père m'a parlé de vous, mon cousin, et ce qui vous étonnera peut-être — ajouta-t-elle timidement — c'est que je vous connaissais déjà, si cela se peut dire, de vue..... Madame la supérieure de Sainte-Hermangilde, pour qui j'ai la plus respectueuse affection, nous avait un jour montré, à mon père et à moi... un portrait.

— Où j'étais représenté en page du seizième siècle?

— Oui, mon cousin; et mon père fit même la petite supercherie de me dire que ce portrait était celui d'un de nos parents du temps passé, en ajoutant d'ailleurs des paroles si bienveillantes pour ce cousin d'autrefois, que notre famille doit se féliciter de le compter parmi nos parents d'aujourd'hui...

— Hélas! ma cousine, je crains de ne pas plus ressembler au portrait moral que le grand-duc a daigné faire de moi qu'au page du seizième siècle.

— Vous vous trompez, mon cousin — me dit naïvement la princesse; — car à la fin du

ÉPILOGUE. 47

concert, en jetant par hasard les yeux du côté de la galerie, je vous ai reconnu tout de suite, malgré la différence du costume.

Puis, voulant changer sans doute un sujet de conversation qui l'embarrassait, elle me dit :

— Quel admirable talent que celui de M. Liszt, n'est-ce pas ?

— Admirable. Avec quel plaisir vous l'écoutiez !

— C'est qu'en effet il y a, ce me semble, un double charme dans la musique sans paroles : non-seulement on jouit d'une excellente exécution, mais on peut appliquer sa pensée du moment aux mélodies que l'on écoute, et qui en deviennent pour ainsi dire l'accompagnement... Je ne sais si vous me comprenez, mon cousin ?

— Parfaitement. Les pensées sont alors des paroles que l'on met mentalement sur l'air que l'on entend.

— C'est cela, c'est cela, vous me comprenez — dit-elle avec un mouvement de gracieuse satisfaction ; — je craignais de mal expliquer ce que je ressentais tout à l'heure pendant cette mélodie si plaintive et si touchante.

— Grâce à Dieu, ma cousine — lui dis-je en souriant — vous n'avez aucune parole à mettre sur un air si triste.

Soit que ma question fût indiscrète et qu'elle voulût éviter d'y répondre, soit qu'elle ne l'eût pas entendue, tout-à-coup la princesse Amélie me dit en me montrant le grand-duc qui, donnant le bras à l'archiduchesse Sophie, traversait alors la galerie où l'on dansait :

— Mon cousin, voyez donc mon père, comme il est beau !... quel air noble et bon ! comme tous les regards le suivent avec sollicitude ! il me semble qu'on l'aime encore plus qu'on ne le révère....

— Ah ! — m'écriai-je — ce n'est pas seulement ici, au milieu de sa cour, qu'il est chéri !

Si les bénédictions du peuple retentissaient dans la postérité, le nom de Rodolphe de Gerolstein serait justement immortel!

En parlant ainsi, mon exaltation était sincère; car vous savez, mon ami, qu'on appelle à bon droit les États du prince le *Paradis de l'Allemagne.*

Il m'est impossible de vous peindre le regard reconnaissant que ma cousine jeta sur moi en m'entendant parler de la sorte.

— Apprécier ainsi mon père — me dit-elle avec émotion — c'est être bien digne de l'attachement qu'il vous porte.

— C'est que personne plus que moi ne l'aime et l'admire! En outre des rares qualités qui font les grands princes, n'a-t-il pas le génie de la bonté, qui fait les princes adorés?...

— Vous ne savez pas combien vous dites vrai...— s'écria la princesse encore plus émue.

— Oh! je le sais, je le sais, et tous ceux qu'il gouverne le savent comme moi... On l'aime tant que l'on s'affligerait de ses chagrins comme on se réjouit de son bonheur; l'empressement de tous à venir offrir leurs hommages à madame la marquise d'Harville consacre à la fois et le choix de Son Altesse Royale, et la valeur de la future grande-duchesse.

— Madame la marquise d'Harville est plus digne que qui que ce soit de l'attachement de mon père, c'est le plus bel éloge que je puisse vous faire d'elle.

— Et vous pouvez sans doute l'apprécier justement; car vous l'avez probablement connue en France, ma cousine?

A peine avais-je prononcé ces derniers mots, que je ne sais quelle soudaine pensée vint à l'esprit de la princesse Amélie, elle baissa les yeux et pendant une seconde ses traits prirent une expression de tristesse qui me rendit muet de surprise.

Nous étions alors à la fin de la contredanse, la dernière *figure* me sépara un instant de ma cousine; lorsque je la reconduisis auprès de madame d'Harville, il me sembla que ses traits étaient encore légèrement altérés...

Je crus et je crois encore que mon allusion au séjour de la princesse en France, lui ayant rappelé la mort de sa mère, lui causa l'impression pénible dont je viens de vous parler.

Pendant cette soirée, je remarquai une circonstance qui vous paraîtra peut-être puérile, mais qui m'a été une nouvelle preuve de l'intérêt que cette jeune fille inspire à tous. Son bandeau de perles s'étant un peu dérangé, l'archiduchesse Sophie, à qui elle donnait alors le bras, eut la bonté de vouloir lui replacer elle-même ce bijou sur le front. Or, pour qui connaît la hauteur proverbiale de l'archiduchesse, une telle prévenance de sa part semble à peine croyable. Du reste, la princesse Amélie, que j'observais attentivement à ce moment, parut à la fois si confuse, si reconnaissante, je dirais presque si embarrassée, de cette gracieuse attention, que je crus voir briller une larme dans ses yeux.

Telle fut, mon ami, ma première soirée à Gerolstein. Si je vous l'ai racontée avec tant de détails, c'est que presque toutes ces circonstances ont eu plus tard pour moi leurs conséquences.

Maintenant j'abrégerai ; je ne vous parlerai que de quelques faits principaux relatifs à mes fréquentes entrevues avec ma cousine et son père.

Le surlendemain de cette fête, je fus du très-petit nombre de personnes invitées à la célébration du mariage du grand-duc avec madame la marquise d'Harville. Jamais je ne vis la physionomie de la princesse Amélie plus radieuse et plus sereine que pendant cette cérémonie. Elle contemplait son père et la marquise avec une sorte de religieux ravissement qui donnait un nouveau charme à ses traits ;

on eût dit qu'ils reflétaient le bonheur ineffable du prince et de madame d'Harville.

Ce jour-là ma cousine fut très-gaie, très-causante. Je lui donnai le bras dans une promenade que l'on fit après dîner dans les jardins du palais, magnifiquement illuminés. Elle me dit à propos du mariage de son père :

— Il me semble que le bonheur de ceux que nous chérissons nous est encore plus doux que notre propre bonheur; car il y a toujours une nuance d'égoïsme dans la jouissance de notre félicité personnelle.

Si je vous cite entre mille cette réflexion de ma cousine, mon ami, c'est pour que vous jugiez du cœur de cette créature adorable, qui a, comme son père, le génie de la bonté.

Quelques jours après le mariage du grand-duc, j'eus avec lui une assez longue conversation; il m'interrogea sur le passé, sur mes projets d'avenir; il me donna les conseils les plus sages, les encouragements les plus flatteurs, me parla même de plusieurs de ses projets de gouvernement avec une confiance dont je fus aussi fier que flatté ; enfin que vous dirai-je ! un moment l'idée la plus folle me traversa l'esprit : je crus que le prince avait deviné mon amour, et que dans cet entretien il voulait m'étudier, me pressentir, et peut-être m'amener à un aveu...

Malheureusement cet espoir insensé ne dura pas long-temps ; le prince termina la conversation en me disant que le temps des grandes guerres était fini ; que je devais profiter de mon nom, de mes ailliances, de l'éducation que j'avais reçue et de l'étroite amitié qui unissait mon père au prince de M., premier ministre de l'empereur, pour parcourir la carrière diplomatique au lieu de la carrière militaire, ajoutant que toutes les questions qui se décidaient autrefois sur les champs de bataille se décideraient désormais dans les congrès ; que bientôt les traditions tortueuses et perfides de l'ancienne diplomatie feraient place à une politique large et *humaine*, en rapport avec les véritables intérêts des peuples, qui de jour en jour avaient davantage la conscience de leurs droits; qu'un esprit élevé, loyal et généreux pourrait avoir avant quelques années un noble et grand rôle à jouer dans les affaires politiques, et faire ainsi beaucoup de bien. Il me proposait enfin le concours de sa souveraine protection pour me faciliter les abords de la carrière qu'il m'engageait instamment à parcourir.

Vous comprenez, mon ami, que si le prince avait eu le moindre projet sur moi, il ne m'eût pas fait de telles ouvertures. Je le remerciai de ses offres avec une vive reconnaissance en ajoutant que je sentais tout le prix de ses conseils et que j'étais décidé à les suivre.

J'avais d'abord mis la plus grande réserve dans mes visites au palais; mais, grâce à l'insistance du grand-duc, j'y vins bientôt presque chaque jour vers les trois heures. On y vivait dans toute la charmante simplicité de nos cours germaniques. C'était la vie des grands châteaux d'Angleterre, rendue plus attrayante par la simplicité cordiale, la douce liberté des mœurs allemandes. Lorsque le temps le permettait, nous faisions de longues promenades à cheval avec le grand-duc, la grande-duchesse, ma cousine et les personnes de leur maison. Lorsque nous restions au palais, nous nous occupions de musique, je chantais avec la grande-duchesse et ma cousine, dont la voix avait un timbre d'une pureté, d'une suavité sans égales, et que je n'ai jamais pu entendre sans me sentir remué jusqu'au fond de l'âme. D'autres fois nous visitions en détail les merveilleuses collections de tableaux et d'objets d'art, ou les admirables bibliothèques du prince, qui, vous le savez, est un des hommes les plus savants et les plus éclairés de l'Europe; assez souvent je revenais dîner au palais, et les jours d'Opéra j'accompagnais au théâtre la famille grand-ducale.

Chaque jour passait comme un songe, peu à peu ma cousine me traita avec une familiarité toute fraternelle; elle ne me cachait pas le plaisir qu'elle éprouvait à me voir, elle me confiait tout ce qui l'intéressait; deux ou trois fois elle me pria de l'accompagner lorsqu'elle allait avec la grande-duchesse visiter ses jeunes orphelines; souvent aussi elle me parlait de mon avenir avec une maturité de raison, avec un intérêt sérieux et réfléchi qui me confondait de la part d'une jeune fille de son âge; elle aimait aussi beaucoup à s'informer de mon enfance, de ma mère, hélas! toujours si regrettée. Chaque fois que j'écrivais à mon père, elle me priait de la rappeler à son souvenir; puis, comme elle brodait à ravir, elle me remit un jour pour lui une charmante tapisserie à laquelle elle avait long-temps travaillé. Que vous dirai-je, mon ami! un frère et une sœur, se retrouvant après de longues années de séparation, n'eussent pas joui d'une intimité plus douce. Du reste, lorsque, par le plus grand des hasards, nous restions seuls, l'arrivée d'un tiers ne pouvait jamais changer le sujet ou même l'accent de notre conversation.

Vous vous étonnerez peut-être, mon ami,

de cette fraternité entre deux jeunes gens, surtout en songeant aux aveux que je vous fais ; mais plus ma cousine me témoignait de confiance et de familiarité, plus je m'observais, plus je me contraignais, de peur de voir cesser cette adorable familiarité. Et puis, ce qui augmentait encore ma réserve, c'est que la princesse mettait dans ses relations avec moi tant de franchise, tant de noble confiance, et surtout si peu de coquetterie, que je suis presque certain qu'elle a toujours ignoré ma violente passion. Il me reste un léger doute à ce sujet, à propos d'une circonstance que je vous raconterai tout à l'heure.

Si cette intimité fraternelle avait dû toujours durer, peut-être ce bonheur m'eût suffi ; mais par cela même que j'en jouissais avec délices, je songeais que bientôt mon service ou la nouvelle carrière que le prince m'engageait à parcourir m'appellerait à Vienne ou à l'étranger; je songeais enfin que prochainement peut-être le grand-duc penserait à marier sa fille d'une manière digne d'elle....

Ces pensées me devinrent d'autant plus pénibles que le moment de mon départ approchait. Ma cousine remarqua bientôt le changement qui s'était opéré en moi. La veille du jour où je la quittai, elle me dit que depuis quelque temps elle me trouvait sombre, préoccupé. Je tâchai d'éluder ces questions; j'attribuai ma tristesse à un vague ennui.

— Je ne puis vous croire — me dit-elle; — mon père vous traite presque comme un fils, tout le monde vous aime; vous trouver malheureux serait de l'ingratitude.

— Eh bien! — lui dis-je sans pouvoir vaincre mon émotion — ce n'est pas de l'ennui, c'est du chagrin, oui, c'est un profond chagrin que j'éprouve.

— Et pourquoi? que vous est-il arrivé? — me demanda-t-elle avec intérêt.

— Tout à l'heure, ma cousine, vous m'avez dit que votre père me traitait comme un fils...

qu'ici tout le monde m'aimait... Eh bien ! avant peu, il me faudra renoncer à ces affections si précieuses, il faudra enfin.... quitter Gerolstein, et, je vous l'avoue, cette pensée me désespère.

— Et le souvenir de ceux qui nous sont chers.... n'est-ce donc rien, mon cousin?

— Sans doute... mais les années, mais les événements amènent tant de changements imprévus !

— Il est du moins des affections qui ne sont pas changeantes : celle que mon père vous a toujours témoignée... celle que je ressens pour vous est de ce nombre, vous le savez bien ; on est frère et sœur... pour ne jamais s'oublier — ajouta-t-elle en levant sur moi ses grands yeux bleus humides de larmes.

Ce regard me bouleversa, je fus sur le point de me trahir ; heureusement je me contins.

— Il est vrai que les affections durent —

ÉPILOGUE.

lui dis-je avec embarras; — mais les positions changent... Ainsi, ma cousine, quand je reviendrai dans quelques années, croyez-vous qu'alors cette intimité, dont j'apprécie tout le charme, puisse encore durer?

— Pourquoi ne durerait-elle pas?

— C'est qu'alors vous serez sans doute mariée, ma cousine... vous aurez d'autres devoirs... et vous aurez oublié votre pauvre frère.

. . . .

Je vous le jure, mon ami, je ne lui dis rien de plus; j'ignore encore si elle vit dans ces mots un aveu qui l'offensa, ou si elle fut comme moi douloureusement frappée des changements inévitables que l'avenir devait nécessairement apporter à nos relations. Mais au lieu de me répondre, elle resta un moment silencieuse, accablée; puis se levant brusquement, la figure pâle, altérée, elle sortit après avoir regardé pendant quelques secondes la tapisserie de la jeune comtesse d'Oppenheim, une de ses dames d'honneur, qui travaillait dans l'embrasure d'une des fenêtres du salon où avait lieu notre entretien.

Le soir même de ce jour, je reçus de mon père une nouvelle lettre qui me rappelait précipitamment ici. Le lendemain matin j'allai prendre congé du grand-duc; il me dit que ma cousine était un peu souffrante, qu'il se chargerait de mes adieux pour elle; il me serra paternellement dans ses bras, regrettant, ajoutait-il, mon prompt départ, et surtout que ce départ fût causé par les inquiétudes que me donnait la santé de mon père; puis, me rappelant avec la plus grande bonté ses conseils au sujet de la nouvelle carrière qu'il m'engageait très-instamment à embrasser, il ajouta qu'au retour de mes missions, ou pendant mes congés, il me reverrait toujours à Gerolstein ave un vif plaisir.

Heureusement, à mon arrivée ici, je trouvai l'état de mon père un peu amélioré; il est encore alité, et toujours d'une grande faiblesse, mais il ne me donne plus d'inquiétude sérieuse. Malheureusement il s'est aperçu de mon abattement, de ma sombre taciturnité ; plusieurs fois, mais en vain, il m'a déjà supplié de lui confier la cause de mon morne chagrin. Je n'oserais, malgré son aveugle tendresse pour moi ; vous savez sa sévérité au sujet de tout ce qui lui paraît manquer de franchise et de loyauté.

Hier je le veillais ; seul auprès de lui, le croyant endormi, je n'avais pu retenir mes larmes, qui coulaient silencieusement en songeant à mes beaux jours de Gerolstein. Il me vit pleurer, car il sommeillait à peine, et j'étais complétement absorbé par ma douleur ; il m'interrogea avec la plus touchante bonté ; j'attribuai ma tristesse aux inquiétudes que m'avait données sa santé, mais il ne fut pas dupe de cette défaite.

Maintenant que vous savez tout, mon bon Maximilien, dites, mon sort est-il assez désespéré...? Que faire... que résoudre!.....

. . . .

Ah! mon ami, je ne puis vous dire mon angoisse. Que va-t-il arriver, mon Dieu!... Tout est à jamais perdu! Je suis le plus malheureux des hommes, si mon père ne renonce pas à son projet.

Voici ce qui vient d'arriver :

Tout à l'heure, je terminais cette lettre, lorsqu'à mon grand étonnement, mon père, que je croyais couché, est entré dans son cabinet où je vous écrivais ; il vit sur son bureau mes quatre premières grandes pages déjà remplies, j'étais à la fin de celle-ci.

— A qui écris-tu si longuement? — me demanda-t-il en souriant.

— A Maximilien, mon père.

— Oh! — me dit-il avec une expression

d'affectueux reproche — je sais qu'il a toute ta confiance... *Il est bien heureux, lui!*

Il prononça ces derniers mots d'un ton si douloureusement navré, que, touché de son accent, je lui répondis en lui donnant ma lettre presque sans réflexion :

— Lisez, mon père...

Mon ami, il a tout lu. Savez-vous ce qu'il m'a dit ensuite après être resté quelque temps méditatif?

— Henri, je vais écrire au grand-duc ce qui s'est passé pendant votre séjour à Gerolstein.

— Mon père, je vous en conjure, ne faites pas cela.

— Ce que vous racontez à Maximilien est-il scrupuleusement vrai?

— Oui, mon père.

— En ce cas, jusqu'ici votre conduite a été

loyale... Le prince l'appréciera. Mais il ne faut pas qu'à l'avenir vous vous montriez indigne de sa noble confiance, ce qui arriverait si, abusant de son offre, vous retourniez plus tard à Gerolstein dans l'intention peut-être de vous faire aimer de sa fille.

— Mon père... pouvez-vous penser?...

— Je pense que vous aimez avec passion, et que la passion est tôt ou tard mauvaise conseillère.

— Comment! mon père, vous écrirez au prince que...

— Que vous aimez éperdument votre cousine.

— Au nom du ciel, mon père, je vous en supplie, n'en faites rien!

— Aimez-vous votre cousine?

— Je l'aime avec idolâtrie, mais...

Mon père m'interrompit.

— En ce cas, je vais écrire au grand-duc et lui demander pour vous la main de sa fille...

— Mais, mon père, une telle prétention est insensée de ma part !

— Il est vrai... Néanmoins je dois faire franchement cette demande au prince, en lui exposant les raisons qui m'imposent cette démarche. Il vous a accueilli avec la plus loyale hospitalité, il s'est montré pour vous d'une bonté paternelle, il serait indigne de moi et de vous de le tromper. Je connais l'élévation de son âme, il sera sensible à mon procédé d'honnête homme; s'il refuse de vous donner sa fille, comme cela est presque indubitable, il saura du moins qu'à l'avenir, si vous retourniez à Gerolstein, vous ne devez plus vivre avec elle dans la même intimité. Vous m'avez, mon enfant — ajouta mon père avec bonté — librement montré la lettre que vous écriviez à Maximilien. Je suis maintenant instruit de tout; il est de mon *devoir* d'écrire au grand-duc... et je vais lui écrire à l'instant même.

Vous le savez, mon ami, mon père est le meilleur des hommes, mais il est d'une inflexible ténacité de volonté, lorsqu'il s'agit de ce qu'il regarde comme *son devoir;* jugez de mes angoisses, de mes craintes. Quoique la démarche qu'il va tenter soit, après tout, franche et honorable, elle ne m'en inquiète pas moins. Comment le grand-duc accueillera-t-il cette folle demande? N'en sera-t-il pas choqué? Et la princesse Amélie ne sera-t-elle pas aussi blessée que j'aie laissé mon père prendre une résolution pareille sans son agrément?

Ah! mon ami, plaignez-moi, je ne sais que penser. Il me semble que je contemple un abîme et que le vertige me saisit...

Je termine à la hâte cette longue lettre; bientôt je vous écrirai. Encore une fois, plaignez-moi, car en vérité je crains de devenir fou si la fièvre qui m'agite dure long-temps encore. Adieu, adieu, tout à vous de cœur et à toujours.

Henry d'H. O.

. . . .

Maintenant nous conduirons le lecteur au palais de Gerolstein habité par Fleur-de-Marie depuis son retour de France.

CHAPITRE IV.

LA PRINCESSE AMÉLIE.

L'appartement occupé par Fleur-de-Marie (nous ne l'appellerons la princesse Amélie qu'*officiellement*), dans le palais grand-ducal, avait été meublé, par les soins de Rodolphe, avec un goût et une élégance extrêmes. Du balcon de l'oratoire de la jeune fille on découvrait au loin les deux tours du couvent de Sainte-Hermangilde, qui, dominant d'immenses massifs de verdure, étaient elles-mêmes dominées par une haute montagne boisée, au pied de laquelle s'élevait l'abbaye.

Par une belle matinée d'été, Fleur-de-Marie

laissait errer ses regards sur ce splendide paysage qui s'étendait au loin. Coiffée en cheveux, elle portait une robe montante d'étoffe printanière blanche à petites raies bleues; un large col de batiste très-simple, rabattu sur ses épaules, laissait voir les deux bouts et le nœud d'une petite cravate de soie du même bleu que la ceinture de sa robe.

Assise dans un grand fauteuil d'ébène sculpté, à haut dossier de velours cramoisi, le coude soutenu par un des bras de ce siége, la tête un peu baissée, elle appuyait sa joue sur le revers de sa petite main blanche, légèrement veinée d'azur.

L'attitude languissante de Fleur-de-Marie, sa pâleur, la fixité de son regard, l'amertume de son demi-sourire, révélaient une mélancolie profonde.

Au bout de quelques moments, un soupir profond, douloureux, souleva son sein. Laissant alors retomber la main où elle appuyait sa joue, elle inclina davantage encore sa tête sur sa poitrine. On eût dit que l'infortunée se courbait sous le poids de quelque grand malheur.

A cet instant une femme d'un âge mûr, d'une physionomie grave et distinguée, vêtue avec une élégante simplicité, entra presque timidement dans l'oratoire, et toussa légèrement pour attirer l'attention de Fleur-de-Marie.

Celle-ci, sortant de sa rêverie, releva vivement la tête, et dit en saluant avec un mouvement plein de grâce :

— Que voulez-vous, ma chère comtesse?

— Je viens prévenir Votre Altesse que monseigneur la prie de l'attendre; car il va se rendre ici dans quelques minutes — répondit la dame d'honneur de la princesse Amélie avec une formalité respectueuse.

— Aussi je m'étonnais de n'avoir pas encore embrassé mon père aujourd'hui; j'attends avec tant d'impatience sa visite de chaque matin!.. Mais j'espère que je ne dois pas à une indisposition de mademoiselle d'Harneim le plaisir de vous voir deux jours de suite au palais, ma chère comtesse?

— Que Votre Altesse n'ait aucune inquiétude à ce sujet, mademoiselle d'Harneim m'a priée de la remplacer aujourd'hui; demain elle aura l'honneur de reprendre son service auprès de Votre Altesse, qui daignera peut-être excuser ce changement.

— Certainement, car je n'y perdrai rien; après avoir eu le plaisir de vous voir deux jours de suite, ma chère comtesse, j'aurai pendant deux autres jours mademoiselle d'Harneim auprès de moi.

— Votre Altesse nous comble — répondit la dame d'honneur en s'inclinant de nouveau; — son extrême bienveillance m'encourage à lui demander une grâce!

— Parlez... parlez; vous connaissez mon empressement à vous être agréable...

— Il est vrai que depuis long-temps Votre Altesse m'a habituée à ses bontés; mais il s'agit d'un sujet tellement pénible, que je n'aurais pas le courage de l'aborder, s'il ne s'agissait d'une action très-méritante; aussi j'ose compter sur l'indulgence extrême de Votre Altesse.

— Vous n'avez nullement besoin de mon indulgence, ma chère comtesse; je suis toujours très-reconnaissante des occasions que l'on me donne de faire un peu de bien.

— Il s'agit d'une pauvre créature qui malheureusement avait quitté Gerolstein avant que Votre Altesse eût fondé son œuvre si utile et si charitable pour les jeunes filles orphelines ou abandonnées, que rien ne défend contre les mauvaises passions.

— Et qu'a-t-elle fait? que réclamez-vous pour elle?

— Son père, homme très-aventureux, avait été chercher fortune en Amérique, laissant sa femme et sa fille dans une existence assez précaire. La mère mourut ; la fille âgée de seize ans à peine, livrée à elle-même, quitta le pays pour suivre à Vienne un séducteur qui la délaissa bientôt. Ainsi que cela arrive toujours, ce premier pas dans le sentier du vice conduisit cette malheureuse à un abîme d'infamie ; en peu de temps elle devint, comme tant d'autres misérables... l'opprobre de son sexe...

Fleur-de-Marie baissa les yeux, rougit et ne put cacher un léger tressaillement qui n'échappa pas à sa dame d'honneur. Celle-ci, craignant d'avoir blessé la chaste susceptibilité de la princesse en l'entretenant d'une telle créature, reprit avec embarras :

— Je demande mille pardons à Votre Altesse, je l'ai choquée sans doute, en attirant son attention sur une existence si flétrie ; mais l'infortunée manifeste un repentir si sincère... que j'ai cru pouvoir solliciter pour elle un peu de pitié.

ÉPILOGUE. 77

— Et vous avez eu raison. Continuez... je vous en prie — dit Fleur-de-Marie en surmontant sa douloureuse émotion ; — tous les égarements sont en effet dignes de pitié, lorsque le repentir leur succède.

— C'est ce qui est arrivé dans cette circonstance, ainsi que je l'ai fait observer à Votre Altesse. Après deux années de cette vie abominable, la grâce toucha cette abandonnée... Saisie d'un tardif remords, elle est revenue ici. Le hasard a fait qu'en arrivant elle a été se loger dans une maison qui appartient à une digne veuve, dont la douceur et la piété sont populaires. Encouragée par la pieuse bonté de la veuve, la pauvre créature lui a avoué ses fautes, ajoutant qu'elle ressentait une juste horreur pour sa vie passée, et qu'elle achèterait au prix de la pénitence la plus rude le bonheur d'entrer dans une maison religieuse où elle pourrait expier ses égarements et mériter leur rédemption. La digne veuve à qui elle fit cette confidence, sachant que j'avais l'honneur d'appartenir à Votre Altesse, m'a écrit pour me recommander cette malheureuse qui, par la toute-puissante intervention de Votre Altesse auprès de la princesse Juliane, supérieure de l'abbaye, pourrait espérer d'entrer sœur converse au couvent de Sainte-Hermangilde; elle demande comme une faveur d'être employée aux travaux les plus pénibles, pour que sa pénitence soit plus méritoire. J'ai voulu entretenir plusieurs fois cette femme avant de me permettre d'implorer pour elle la pitié de Votre Altesse, et je suis fermement convaincue que son repentir sera durable. Ce n'est ni le besoin ni l'âge qui la ramène au bien; elle a dix-huit ans à peine, elle est très-belle encore et possède une petite somme d'argent qu'elle veut affecter à une œuvre charitable, si elle obtient la faveur qu'elle sollicite.

— Je me charge de votre protégée — dit Fleur-de-Marie en contenant difficilement son trouble, tant sa vie passée offrait de ressemblance avec celle de la malheureuse en faveur de qui on la sollicitait; puis elle ajouta :

— Le repentir de cette infortunée est trop louable pour ne pas l'encourager.

— Je ne sais comment exprimer ma reconnaissance à Votre Altesse. J'osais à peine espérer qu'elle daignât s'intéresser si charitablement à une pareille créature...

— Elle a été coupable, elle se repent... — dit Fleur-de-Marie avec un accent de commisération et de tristesse indicible — il est juste d'avoir pitié d'elle... Plus ses remords sont sincères, plus ils doivent être douloureux, ma chère comtesse...

— J'entends, je crois, monseigneur — dit tout à coup la dame d'honneur sans remarquer l'émotion profonde et croissante de Fleur-de-Marie.

En effet, Rodolphe entra dans un salon qui précédait l'oratoire, tenant à la main un énorme bouquet de roses.

A la vue du prince, la comtesse se retira

discrètement. A peine eut-elle disparu, que Fleur-de-Marie se jeta au cou de son père, appuya son front sur son épaule, et resta ainsi quelques secondes sans parler.

— Bonjour... bonjour, mon enfant chérie — dit Rodolphe en serrant sa fille dans ses bras avec effusion, sans s'apercevoir encore de sa tristesse. — Vois donc ce buisson de roses; quelle belle moisson j'ai faite ce matin pour toi ! c'est ce qui m'a empêché de venir plus tôt; j'espère que je ne t'ai jamais apporté un plus magnifique bouquet... Tiens.

Et le prince, ayant toujours son bouquet à la main, fit un léger mouvement en arrière pour se dégager des bras de sa fille et la regarder; mais, la voyant fondre en larmes, il jeta le bouquet sur une table, prit les mains de Fleur-de-Marie dans les siennes, et s'écria :

— Tu pleures, mon Dieu ! qu'as-tu donc?

—Rien... rien... mon bon père... — dit

Fleur-de-Marie en essuyant ses larmes et tâchant de sourire à Rodolphe.

— Je t'en conjure, dis-moi ce que tu as... Qui peut t'avoir attristée?

— Je vous assure, mon père, qu'il n'y a pas de quoi vous inquiéter. La comtesse était venue solliciter mon intérêt pour une pauvre femme si intéressante... si malheureuse... que malgré moi je me suis attendrie à son récit.

— Bien vrai?... ce n'est que cela?...

— Ce n'est que cela — reprit Fleur-de-Marie en prenant sur une table les fleurs que Rodolphe avait jetées; — mais comme vous me gâtez! — ajouta-t-elle... — quel bouquet magnifique... et quand je pense que chaque jour... vous m'en apportez un pareil... cueilli par vous...

— Mon enfant — dit Rodolphe en contemplant sa fille avec anxiété — tu me caches quelque chose... Ton sourire est douloureux, contraint; je t'en conjure, dis-moi ce qui t'afflige... ne t'occupe pas de ce bouquet.

— Oh! vous le savez, ce bouquet est ma joie de chaque matin, et puis j'aime tant les roses... je les ai toujours tant aimées... Vous vous souvenez — ajouta-t-elle avec un sourire navrant — vous vous souvenez de mon pauvre petit rosier!... dont j'ai toujours gardé les débris...

A cette pénible allusion au temps passé, Rodolphe s'écria :

— Malheureuse enfant! mes soupçons seraient-ils fondés?... Au milieu de l'éclat qui t'environne, songerais-tu encore quelquefois à cet horrible temps?... Hélas! j'avais cru cependant te le faire oublier à force de tendresse!

— Pardon, pardon, mon père! Ces paroles m'ont échappé. Je vous afflige...

— Je m'afflige, pauvre ange — dit tristement Rodolphe — parce que ces retours vers le passé doivent être affreux pour toi... parce qu'ils empoisonneraient ta vie, si tu avais la faiblesse de t'y abandonner.

— Mon père... c'est par hasard... Depuis notre arrivée ici, c'est la première fois...

— C'est la première fois que tu m'en parles... oui... mais ce n'est peut-être pas la première fois que ces pensées te tourmentent... Je m'étais aperçu de tes accès de mélancolie, et quelquefois j'accusais le passé de causer ta tristesse... Mais, faute de certitude, je n'osais pas même essayer de combattre la funeste influence de ces ressouvenirs, de t'en montrer le néant, l'injustice ; car si ton chagrin avait eu une autre cause, si le passé avait été pour toi ce qu'il doit être, un vain et mauvais songe, je risquais d'éveiller en toi les idées pénibles que je voulais détruire...

— Combien vous êtes bon... combien ces craintes témoignent encore de votre ineffable tendresse !

6.

— Que veux-tu... ma position était si difficile, si délicate... Encore une fois, je ne te disais rien, mais j'étais sans cesse préoccupé de ce qui te touchait... En contractant ce mariage qui comblait tous mes vœux, j'avais aussi cru donner une garantie de plus à ton repos. Je connaissais trop l'excessive délicatesse de ton cœur pour espérer que jamais... jamais tu ne songerais plus au passé; mais je me disais que si par hasard ta pensée s'y arrêtait, tu devais, en te sentant maternellement chérie par la noble femme qui t'a connue et aimée au plus profond de ton malheur, tu devais, dis-je, regarder le passé comme suffisamment expié par tes atroces misères, et être indulgente ou plutôt juste envers toi-même; car enfin ma femme a droit par ses rares qualités aux respects de tous; n'est-ce pas? Eh bien! dès que tu es pour elle une fille, une sœur chérie, ne dois-tu pas être rassurée? Son tendre attachement n'est-il pas une réhabilitation complète? Ne te dit-il pas qu'elle sait comme toi que tu as été victime et non coupable, qu'on ne peut enfin te reprocher *que le malheur...* qui t'a accablée dès ta naissance? Aurais-tu même commis de grandes fautes, ne seraient-elles pas mille fois expiées, rachetées par tout ce que tu as fait de bien, par tout ce qui s'est développé d'excellent et d'adorable en toi?...

— Mon père...

— Oh! je t'en prie, laisse-moi te dire ma pensée entière, puisqu'un hasard qu'il faudra bénir, sans doute, a amené cet entretien. Depuis long-temps je le désirais et je le redoutais à la fois... Dieu veuille qu'il ait un succès salutaire!... J'ai à te faire oublier tant d'affreux chagrins; j'ai à remplir auprès de toi une mission si auguste, si sacrée, que j'aurais eu le courage de sacrifier à ton repos mon amour pour madame d'Harville... mon amitié pour Murph, si j'avais pensé que leur présence t'eût trop douloureusement rappelé le passé.

— Oh! mon bon père, pouvez-vous le croire?... Leur présence, à eux, qui savent...

ce que j'étais... et qui pourtant m'aiment tendrement, ne personnifie-t-elle pas au contraire l'oubli et le pardon?... Enfin, mon père, ma vie entière n'eût-elle pas été désolée, si pour moi vous aviez renoncé à votre mariage avec madame d'Harville?

— Oh! je n'aurais pas été seul à vouloir ce sacrifice, s'il avait dû assurer ton bonheur... Tu ne sais pas quel renoncement Clémence s'était déjà volontairement imposé... car elle aussi comprend toute l'étendue de mes devoirs envers toi.

— Vos devoirs envers moi, mon Dieu! Et qu'ai-je fait pour mériter autant?

— Ce que tu as fait, pauvre ange aimé?... Jusqu'au moment où tu m'as été rendue, ta vie n'a été qu'amertume, misère, désolation... et tes souffrances passées je me les reproche comme si je les avais causées! Aussi lorsque je te vois souriante, satisfaite, je me crois pardonné... Mon seul but, mon seul vœu est de

ÉPILOGUE.

te rendre aussi idéalement heureuse que tu as été infortunée, de t'élever autant que tu as été abaissée, car il me semble que les derniers vestiges du passé s'effacent, lorsque les personnes les plus éminentes, les plus honorables, te rendent les respects qui te sont dus.

— A moi du respect?... non, non, mon père... mais à mon rang ou plutôt à celui que vous m'avez donné.

— Oh! ce n'est pas ton rang qu'on aime et qu'on révère... c'est toi, entends-tu bien, mon enfant chérie, c'est toi-même, c'est toi seule... Il est des hommages imposés par le rang, mais il en est aussi d'imposés par le charme et par l'attrait! Tu ne sais pas distinguer ceux-là, toi, parce que tu t'ignores, parce que tu ne sais pas que, par un prodige d'esprit et de tact qui me rend aussi fier qu'idolâtre de toi, tu apportes dans ces relations cérémonieuses, si nouvelles pour toi, un mélange de dignité, de modestie et de grâce, auquel ne peuvent résister les caractères les plus hautains...

— Vous m'aimez tant, mon père, et on vous aime tant, que l'on est sûr de vous plaire en me témoignant de la déférence.

— O la méchante enfant! — s'écria Rodolphe en interrompant sa fille et en l'embrassant avec tendresse. — La méchante enfant, qui ne veut accorder aucune satisfaction à mon orgueil de père!

— Cet orgueil n'est-il pas aussi satisfait en vous attribuant à vous seul la bienveillance que l'on me témoigne, mon bon père?

— Non certainement, mademoiselle — dit le prince en souriant à sa fille pour chasser la tristesse dont il la voyait encore atteinte — non, mademoiselle, ce n'est pas la même chose; car il ne m'est pas permis d'être fier de moi, et je puis et je dois être fier de vous... oui, fier. Encore une fois, tu ne sais pas combien tu es divinement douée... En quinze mois ton éducation s'est si merveilleusement accomplie, que la mère la plus difficile serait enthousiaste de toi; et cette éducation a encore augmenté l'influence presque irrésistible que tu exerces autour de toi sans t'en douter.

— Mon père... vos louanges me rendent confuse.

— Je dis la vérité, rien que la vérité. En veux tu des exemples? Parlons hardiment du passé, c'est un ennemi que je veux combattre corps à corps, il faut le regarder en face. Eh bien! te souviens-tu de la Louve, de cette courageuse femme qui t'a sauvée? Rappelle-toi cette scène de la prison que tu m'as racontée : une foule de détenues plus stupides encore que méchantes s'acharnaient à tourmenter une de leurs compagnes faible et infirme, leur souffre-douleur : tu parais, tu parles... et voilà qu'aussitôt ces furies, rougissant de leur lâche cruauté envers leur victime, se montrent aussi charitables qu'elles avaient été méchantes? N'est-ce donc rien, cela? Enfin, est-ce, oui ou non, grâce à toi que la Louve, cette femme indomptable, a connu le repentir et désiré une vie honnête et laborieuse? Va, crois-moi, mon enfant chérie, celle qui avait dominé la Louve et ses turbulentes compagnes par le seul ascendant de la bonté jointe à une rare élévation d'esprit, celle-là, quoique dans d'autres circonstances et dans une sphère tout opposée, devait par le même charme (n'allez pas sourire de ce rapprochement, mademoiselle), fasciner aussi l'altière archiduchesse Sophie et tout mon entourage; car bons et méchants, grands et petits, subissent presque toujours l'influence des âmes supérieures... Je ne veux pas dire que tu sois *née princesse* dans l'acception aristocratique du mot, cela serait une pauvre flatterie à te faire, mon enfant... mais tu es de ce petit nombre d'êtres privilégiés qui sont nés pour dire à une reine ce qu'il faut pour la charmer et s'en faire aimer... et aussi pour dire à une pauvre créature, avilie et abandonnée, ce qu'il faut pour la rendre meilleure, la consoler et s'en faire adorer.

— Mon bon père... de grâce...

— Oh! tant pis pour vous, mademoiselle, il y a trop long-temps que mon cœur déborde. Songe donc, avec mes craintes d'éveiller en toi les souvenirs de ce passé que je veux anéantir, que j'anéantirai à jamais dans ton esprit... je n'osais t'entretenir de ces comparaisons... de ces rapprochements qui te rendent si adorable à mes yeux. Que de fois Clémence et moi nous sommes-nous extasiés sur toi... Que de fois, si attendrie que les larmes lui venaient aux yeux, elle m'a dit : — N'est-il pas merveilleux que cette chère enfant soit ce qu'elle est, après le malheur qui l'a poursuivie ? ou plutôt — reprenait Clémence — n'est-il pas merveilleux que, loin d'altérer cette noble et rare nature, l'infortune ait au contraire donné plus d'essor à ce qu'il y avait d'excellent en elle ?

A ce moment-là la porte du salon s'ouvrit, et Clémence, grande-duchesse de Gerolstein, entra, tenant une lettre à la main.

— Voici — mon ami — dit-elle à Rodolphe — une lettre de France. J'ai voulu vous l'apporter, afin de dire bonjour à ma paresseuse enfant, que je n'ai pas encore vue ce matin — ajouta Clémence en embrassant tendrement Fleur-de-Marie.

— Cette lettre arrive à merveille — dit gaiement Rodolphe après l'avoir parcourue; — nous causions justement du passé... de ce monstre que nous allons incessamment combattre, ma chère Clémence... car il menace le repos et le bonheur de notre enfant.

— Serait-il vrai, mon ami? Ces accès de mélancolie que nous avions remarqués...

— N'avaient pas d'autre cause que de méchants souvenirs; mais heureusement nous connaissons maintenant notre ennemi... et nous en triompherons...

ÉPILOGUE.

— Mais de qui donc est cette lettre, mon ami ? — demanda Clémence.

— De la gentille Rigolette... la femme de Germain.

— Rigolette... — s'écria Fleur-de-Marie — quel bonheur d'avoir de ses nouvelles !

— Mon ami — dit tout bas Clémence à Rodolphe, en lui montrant Fleur-de-Marie du regard — ne craignez-vous pas que cette lettre... ne lui rappelle des idées pénibles ?

— Ce sont justement ces souvenirs que je veux anéantir, ma chère Clémence ; il faut les aborder hardiment, et je suis sûr que je trouverai dans la lettre de Rigolette d'excellentes armes contre eux... car cette bonne petite créature adorait notre enfant, et l'appréciait omme elle devait l'être.

Et Rodolphe lut à haute voix la lettre suivante :

« Ferme de Bouqueval, 15 août 1841.

» Monseigneur,

» Je prends la liberté de vous écrire encore
» pour vous faire part d'un bien grand bon-
» heur qui nous est arrivé, et pour vous de-
» mander une nouvelle faveur, à vous à qui
» nous devons déjà tant, ou plutôt à qui nous
» devons le vrai paradis où nous vivons, moi,
» mon Germain et sa bonne mère.

» Voilà de quoi il s'agit, monseigneur ; de-
» puis dix jours je suis comme folle de joie,
» car il y a dix jours que j'ai un amour de pe-
» tite fille ; moi je trouve que c'est tout le por-
» trait de Germain ; lui, que c'est tout le mien ;
» notre chère maman Georges dit qu'elle nous
» ressemble à tous les deux ; le fait est qu'elle
» a de charmants yeux bleus comme Germain,
» et des cheveux noirs tout frisés comme moi.
» Par exemple, contre son habitude, mon

» mari est injuste, il veut toujours avoir notre
» petite sur ses genoux... tandis que moi, c'est
» mon droit, n'est-ce pas, monseigneur ?.. »

— Braves et dignes jeunes gens ! qu'ils doivent être heureux ! — dit Rodolphe. — Si jamais couple fut bien assorti... c'est celui-là.

— Et combien Rigolette mérite son bonheur ! — dit Fleur-de-Marie.

— Aussi j'ai toujours béni le hasard qui me l'a fait rencontrer — dit Rodolphe, et il continua :

« Mais, au fait, monseigneur, pardon de
» vous entretenir de ces gentilles querelles
» de ménage, qui finissent toujours par un
» baiser... Du reste, les oreilles doivent joli-
» ment vous tinter, monseigneur, car il ne se
» passe pas de jour que nous ne nous disions,
» en nous regardant, nous deux Germain :
» Sommes-nous heureux, mon Dieu... sommes-
» nous heureux !.. et naturellemeut votre nom

» vient tout de suite après ces mots-là... Excu-
» sez ce griffonnage qu'il y a là, monseigneur,
» avec un pâté : c'est que, sans y penser, j'a-
» vais écrit *monsieur Rodolphe*, comme je di-
» sais autrefois, et j'ai raturé. J'espère, à pro-
» pos de cela, que vous trouverez que mon
» écriture a bien gagné, ainsi que mon ortho-
» graphe; car Germain me montre toujours,
» et je ne fais plus des grands bâtons en allant
» tout de travers, comme du temps où vous
» me tailliez mes plumes... »

— Je dois avouer — dit Rodolphe en riant — que ma petite protégée se fait un peu illusion, et je suis sûr que Germain s'occupe plutôt de baiser la main de son élève que de la diriger.

— Allons, mon ami, vous êtes injuste — dit Clémence en regardant la lettre; — c'est un peu gros, mais très-lisible.

— Le fait est qu'il y a progrès — reprit Rodolphe; — autrefois il lui aurait fallu huit pages pour contenir ce qu'elle écrit maintenant en deux.

Et il continua :

« C'est pourtant vrai que vous m'avez taillé
» des plumes, monseigneur, quand nous y
» pensons, nous deux Germain, nous en som-
» mes tout honteux, en nous rappelant que
» vous étiez si peu fier... Ah! mon Dieu!
» voilà encore que je me surprends à vous
» parler d'autre chose que de ce que nous
» voulons vous demander, monseigneur; car
» mon mari se joint à moi, et c'est bien im-
» portant; nous y attachons une idée... Vous
» allez voir.

» Nous vous supplions donc, monseigneur,
» d'avoir la bonté de nous choisir et de nous
» donner un nom pour notre petite fille ché-
» rie; c'est convenu avec le parrain et la mar-
» raine, et ce parrain et cette marraine, savez-
» vous qui c'est, monseigneur? Deux des per-
» sonnes que vous et madame la marquise

7

» d'Harville vous avez tirées de la peine pour
» les rendre bien heureuses, aussi heureuses
» que nous... En un mot, c'est Morel le lapi-
» daire, et Jeanne Duport, la sœur d'un pau-
» vre prisonnier nommé *Pique-Vinaigre*,
» une digne femme que j'avais vue en prison
» quand j'allais y visiter mon pauvre Ger-
» main, et que plus tard madame la marquise
» a fait sortir de l'hôpital.

» Maintenant, monseigneur, il faut que
» vous sachiez pourquoi nous avons choisi
» M. Morel pour parrain et Jeanne Duport
» pour marraine. Nous nous sommes dit, nous
» deux Germain : Ça sera comme une manière
» de remercier encore M. Rodolphe de ses bon-
» tés que de prendre pour parrain et marraine
» de notre petite fille des dignes gens qui
» doivent tout à lui et à madame la mar-
» quise... sans compter que Morel le lapidaire
» et Jeanne Duport sont la crème des hon-
» nêtes gens... Ils sont de notre classe, et de
» plus, comme nous disons avec Germain, ils
» sont *nos parents en bonheur*, puisqu'ils sont

» comme nous *de la famille de vos protégés,*
» monseigneur. »

— Ah ! mon père, ne trouvez-vous pas cette idée d'une délicatesse charmante? — dit Fleur-de-Marie avec émotion. — Prendre pour parrain et marraine de leur enfant des personnes qui vous doivent tout à vous et à ma seconde mère ?

— Vous avez raison, chère enfant — dit Clémence — je suis on ne peut plus touchée de ce souvenir.

— Et moi je suis très-heureux d'avoir si bien placé mes bienfaits — dit Rodolphe en continuant sa lecture :

« Du reste, au moyen de l'argent que vous
» lui avez fait donner, monsieur Rodolphe,
» Morel est maintenant courtier en pierres fi-
» nes ; il gagne de quoi bien élever sa famille
» et faire apprendre un état à ses enfants. La
» bonne et pauvre Louise va, je crois, se ma-

» rier avec un digne ouvrier qui l'aime et la
» respecte comme elle doit l'être, car elle a été
» bien malheureuse, mais non coupable, et le
» fiancé de Louise a assez de cœur pour com-
» prendre cela... »

— J'étais bien sûr — s'écria Rodolphe en s'adressant à sa fille — de trouver dans la lettre de cette chère petite Rigolette des armes contre notre ennemi !.. Tu entends, c'est l'expression du simple bon sens de cette âme honnête et droite... Elle dit de Louise : *Elle a été malheureuse et non coupable, et son fiancé a assez de cœur pour comprendre cela.*

Fleur-de-Marie, de plus en plus émue et attristée par la lecture de cette lettre, tressaillit du regard que son père attacha un moment sur elle en prononçant les derniers mots que nous avons soulignés.

Le prince continua :

« Je vous dirai encore, monseigneur,

ÉPILOGUE. 101

» que Jeanne Duport, par la générosité de
» madame la marquise, a pu se faire séparer
» de son mari, ce vilain homme qui lui man-
» geait tout et la battait ; elle a repris sa fille
» aînée auprès d'elle. et elle tient une petite
» boutique de passementerie où elle vend ce
» qu'elle fabrique avec ses enfants; leur com-
» merce prospère. Il n'y a pas non plus de
» gens plus heureux, et cela, grâce à qui?
» grâce à vous, monseigneur, grâce à madame
» la marquise, qui, tous deux, savez si bien
» donner, et donner si à propos.

» A propos de ça, Germain vous écrit
» comme d'ordinaire, monseigneur, à la fin
» du mois, au sujet de la *Banque des Travail-*
» *leurs sans ouvrage et des Prêts gratuits*; il n'y
» a presque jamais de remboursements en
» retard, et on s'aperçoit déjà beaucoup du
» bien-être que cela répand dans le quartier.
» Au moins maintenant de pauvres familles
» peuvent supporter la morte-saison du tra-
» vail sans mettre leur linge et leurs matelas
» au Mont-de-Piété. Aussi, quand l'ouvrage

» revient, faut voir avec quel cœur ils s'y
» mettent; ils sont si fiers qu'on ait eu con-
» fiance dans leur travail et dans leur pro-
» bité!.. Dame! ils n'ont que ça. Aussi, comme
» ils vous bénissent de leur avoir fait prêter
» là-dessus! Oui, monseigneur, ils vous bé-
» nissent, *vous;* car, quoique vous disiez que
» vous n'êtes pour rien dans cette fondation,
» sauf la nomination de Germain comme
» caissier-directeur, et que c'est un inconnu
» qui a fait ce grand bien.... nous aimons
» mieux croire que c'est à vous qu'on le doit;
» c'est plus naturel!

» D'ailleurs il y a une fameuse trompette
» pour répéter à tout bout de champ que c'est
» vous qu'on doit bénir; cette trompette est
» madame Pipelet, qui répète à chacun qu'il
» n'y a que *son roi des locataires* (excusez, mon-
» sieur Rodolphe, elle vous appelle toujours
» ainsi) qui puisse avoir fait cette œuvre cha-
» ritable, et *son vieux chéri* d'Alfred est tou-
» jours de son avis. Quant à lui, il est si fier
» et si content de son poste de gardien de la

» banque, qu'il dit que les poursuites de
» M. Cabrion lui seraient maintenant indif-
» férentes. Pour en finir avec votre famille de
» reconnaissants, monseigneur, j'ajouterai
» que Germain a lu dans les journaux que le
» nommé Martial, un colon d'Algérie, avait
» été cité avec de grands éloges pour le cou-
» rage qu'il avait montré en repoussant à la
» tête de ses métayers une attaque d'Arabes
» pillards, et que sa femme, aussi intrépide
» que lui, avait été légèrement blessée à ses
» côtés, où elle tirait des coups de fusil comme
» un vrai grenadier. Depuis ce temps là, dit on
» dans le journal, on l'a baptisée *madame Ca-*
» *rabine.*

» Excusez de cette longue lettre, monsei-
» gneur; mais j'ai pensé que vous ne seriez pas
» fâché d'avoir par nous des nouvelles de tous
» ceux dont vous avez été la Providence... Je
» vous écris de la ferme de Bouqueval, où
» nous sommes depuis le printemps avec
» notre bonne mère. Germain part le matin
» pour ses affaires, et il revient le soir. A l'au-

» tomne, nous retournerons habiter Paris.
» Comme c'est drôle, monsieur Rodolphe,
» moi qui n'aimais pas la campagne, je l'adore
» maintenant... Je m'explique ça, parce que
» Germain l'aime beaucoup. A propos de la
» ferme, monsieur Rodolphe, vous qui savez
» sans doute où est cette bonne petite Goua-
» leuse, si vous en avez l'occasion, dites-
» lui donc qu'on se souvient toujours d'elle
» comme de ce qu'il y a de plus doux et de
» meilleur au monde, et que, pour moi, je ne
» pense jamais à notre bonheur sans me dire :
» puisque M. Rodolphe était aussi le M. Ro-
» dolphe de cette chère Fleur-de-Marie, grâce
» à lui elle doit être heureuse comme nous
» autres, et ça me fait trouver mon bonheur
» encore meilleur.

» Mon Dieu! mon Dieu! comme je bavarde!
» qu'es t-ce que vous allez dire, monseigneur?
» mais bah! vous êtes si bon!.. Et puis, voyez-
» vous, c'est votre faute, si je gazouille autant
» et aussi joyeusement que *papa Crétu* et *Ra-*
» *monette*, qui n'osent plus lutter maintenant

» de chant avec moi. Allez, monsieur Ro-
» dolphe, je vous en réponds, je les mets sur
» les dents.

» Vous ne nous refuserez pas notre de-
» mande, n'est-ce pas, monseigneur? Si vous
» donnez un nom à notre petite fille chérie, il
» nous semble que ça lui portera bonheur,
» que ce sera comme sa bonne étoile; tenez,
» monsieur Rodolphe, quelquefois moi, et
» mon bon Germain, nous nous félicitons
» presque d'avoir connu la peine, parce que
» nous sentons doublement combien notre
» enfant sera heureuse de ne pas savoir ce que
» c'est que la misère par où nous avons passé.

» Si je finis en vous disant, monsieur Ro-
» dolphe, que nous tâchons de secourir par-ci
» par-là de pauvres gens selon nos moyens,
» ce n'est pas pour nous vanter, mais pour
» que vous sachiez que nous ne gardons pas
» pour nous seuls tout le bonheur que vous
» nous avez donné; d'ailleurs nous disons tou-
» jours à ceux que nous secourons : Ce n'est

» pas nous, qu'il faut remercier et bénir.....
» c'est M. Rodolphe, l'homme le meilleur, le
» plus généreux qu'il y ait au monde; et ils
» vous prennent pour une espèce de *saint*, si
» ce n'est plus.

» Adieu, monseigneur; croyez que lorsque
» notre petite fille commencera à épeler, le
» premier mot qu'elle lira sera votre nom,
» monsieur Rodolphe; et puis après, ceux-ci
» que vous avez fait écrire sur ma corbeille de
» noces :

» *Travail et sagesse. — Honneur et bonheur.*

» Grâce à ces quatre mots-là, à notre ten-
» dresse et à nos soins, nous espérons, mon-
» seigneur, que notre enfant sera toujours
» digne de prononcer le nom de celui qui a
» été notre Providence et celle de tous les mal-
» heureux qu'il a connus.

» Pardon, monseigneur, c'est que j'ai en
» finissant comme de grosses larmes dans les

» yeux... mais c'est de bonnes larmes... Excu-
» sez, s'il vous plaît... ce n'est pas ma faute....
» mais je n'y vois plus bien clair et je grif-
» fonne....

» J'ai l'honneur, monseigneur, de vous sa-
» luer avec autant de respect que de recon-
» naissance.

» Rigolette, femme Germain.

» *P. S.* Ah! mon Dieu! monseigneur, en
» relisant ma lettre, je m'aperçois que j'ai mis
» bien des fois *Monsieur Rodolphe.* Vous me
» pardonnerez, n'est-ce pas? Vous savez bien
» que sous un nom ou sous un autre nous
» vous respectons et nous vous bénissons la
» même chose, monseigneur. »

CHAPITRE V.

LES SOUVENIRS.

— Chère petite Rigolette! — dit Clémence attendrie par la lecture que venait de faire Rodolphe. — Cette lettre naïve est remplie de sensibilité.

— Sans doute — reprit Rodolphe — on ne pouvait mieux placer un bienfait. Notre protégée est douée d'un excellent naturel; c'est un cœur d'or, et notre chère enfant l'apprécie comme nous — ajouta-t-il en s'adressant à sa fille.

Puis frappé de sa pâleur et de son accablement, il s'écria :

— Mais qu'as-tu donc?

— Hélas!... quel douloureux contraste entre ma position et celle de Rigolette... *Travail et sagesse... honneur et bonheur*, ces quatre mots disent tout ce qu'a été... tout ce que doit être sa vie... Jeune fille laborieuse et sage, épouse chérie, heureuse mère, femme honorée... telle est sa destinée!... tandis que moi...

— Grand Dieu!... que dis-tu?

— Grâce... mon bon père; ne m'accusez pas d'ingratitude... mais malgré votre ineffable tendresse, malgré celle de ma seconde mère, malgré les respects et les splendeurs dont je suis entourée... malgré votre puissance souveraine, ma honte est incurable... Rien ne peut anéantir le passé... Encore une fois, pardonnez-moi, mon père... je vous l'ai caché jusqu'à présent... mais le souvenir de ma dégradation première me désespère et me tue...

— Clémence, vous l'entendez!... — s'écria Rodolphe avec désespoir.

— Mais, malheureuse enfant! — dit Clémence en prenant affectueusement la main de Fleur-de-Marie dans les siennes — notre tendresse, l'affection de ceux qui vous entourent, et que vous méritez, tout ne vous prouve-t-il pas que ce passé ne doit plus être pour vous qu'un vain et mauvais songe?

— Oh! fatalité... fatalité! — reprit Rodolphe. — Maintenant je maudis mes craintes, mon silence; cette funeste idée, depuis longtemps enracinée dans son esprit, y a fait à notre insu d'affreux ravages, et il est trop tard pour combattre cette déplorable erreur... Ah! je suis bien malheureux!

— Courage, mon ami — dit Clémence à Rodolphe; — vous le disiez tout à l'heure, il vaut mieux connaître l'ennemi qui nous menace... Nous savons maintenant la cause du chagrin de notre enfant, nous en triompherons, parce que nous aurons pour nous la raison, la justice et notre tendresse.

— Et puis enfin parce qu'elle verra que son affliction, si elle était incurable, rendrait la nôtre incurable aussi — reprit Rodolphe; — car en vérité ce serait à désespérer de toute justice humaine et divine, si cette infortunée n'avait fait que changer de tourments.

Après un assez long silence pendant lequel Fleur-de-Marie parut se recueillir, elle prit d'une main la main de Rodolphe, de l'autre celle de Clémence, et leur dit d'une voix profondément altérée :

— Ecoutez-moi, mon bon père... et vous aussi, ma tendre mère... ce jour est solennel... Dieu a voulu, et je l'en remercie, qu'il me fût impossible de vous cacher davantage ce que je ressens... Avant peu d'ailleurs je vous aurais fait l'aveu que vous allez entendre, car toute souffrance a son terme... et, si cachée que fût la mienne, je n'aurais pu vous la taire plus long-temps.

— Ah !... je comprends tout — s'écria Rodolphe — il n'y a plus d'espoir pour elle.

— J'espère dans l'avenir, mon père; et cet espoir me donne la force de vous parler ainsi.

— Et que peux-tu espérer de l'avenir... pauvre enfant, puisque ton sort présent ne te cause que chagrins et amertume?

— Je vais vous le dire, mon père... mais avant, permettez-moi de vous rappeler le passé... de vous avouer devant Dieu qui m'entend ce que j'ai ressenti jusqu'ici.

— Parle... parle, nous t'écoutons — dit Rodolphe, en s'asseyant avec Clémence auprès de Fleur-de-Marie.

— Tant que je suis restée à Paris... auprès de vous, mon père — dit Fleur-de-Marie — j'ai été si heureuse, oh ! si complétement heureuse, que ces beaux jours ne seraient pas

trop payés par des années de souffrances....
Vous le voyez... j'ai du moins connu le bonheur.

— Pendant quelques jours peut-être...

— Oui ; mais quelle félicité pure et sans mélange ! Vous m'entouriez, comme toujours, des soins les plus tendres !... Je me livrais sans crainte aux élans de reconnaissance et d'affection qui à chaque instant emportaient mon cœur vers vous... L'avenir m'éblouissait : un père à adorer, une seconde mère à chérir doublement, car elle devait remplacer la mienne... que je n'avais jamais connue... Et puis... je dois tout avouer... mon orgueil s'exaltait malgré moi, tant j'étais honorée de vous appartenir. Lorsque le petit nombre de personnes de votre maison, qui, à Paris, avaient occasion de me parler, m'appelaient *altesse*... je ne pouvais m'empêcher d'être fière de ce titre. Si alors je pensais quelquefois vaguement au passé, c'était pour me dire : Moi jadis si avilie, je suis la fille chérie d'un prince souverain que chacun bénit et révère ; moi jadis si misérable, je jouis de toutes les splendeurs du luxe et d'une existence presque royale ! Hélas ! que voulez-vous, mon père, ma fortune était si imprévue... votre puissance m'entourait d'un si splendide éclat, que j'étais excusable peut-être de me laisser aveugler ainsi.

— Excusable !... mais rien de plus naturel, pauvre ange aimé. Quel mal de t'enorgueillir d'un rang qui était le tien ? de jouir des avantages de la position que je t'avais rendue ? Aussi dans ce temps-là, je me le rappelle bien, tu étais d'une gaieté charmante ; que de fois je t'ai vue tomber dans mes bras comme accablée par la félicité, et me dire avec un accent enchanteur ces mots qu'hélas je ne dois plus entendre : *Mon père... c'est trop... trop de bonheur !...* Malheureusement ce sont ces souvenirs là... vois-tu, qui m'ont endormi dans une sécurité trompeuse ; et plus tard je ne me suis pas assez inquiété des causes de ta mélancolie....

8.

— Mais dites-nous donc, mon enfant — reprit Clémence — qui a pu changer en tristesse cette joie si pure, si légitime que vous éprouviez d'abord?

— Hélas! une circonstance bien funeste et bien imprévue!...

— Quelle circonstance?

— Vous vous rappelez, mon père... — dit Fleur-de-Marie ne pouvant vaincre un frémissement d'horreur — vous vous rappelez la terrible scène qui a précédé notre départ de Paris... lorsque votre voiture a été arrêtée près de la barrière?

— Oui... — répondit tristement Rodolphe. — Brave Chourineur!... après m'avoir encore une fois sauvé la vie, il est mort... là... devant nous... en disant *Le Ciel est juste... j'ai tué, on me tue!...*

— Eh bien!... mon père.... au moment où

ce malheureux expirait, savez-vous qui j'ai vu... me regarder fixement?... Oh! ce regard... ce regard... il m'a toujours poursuivie depuis — ajouta Fleur-de-Marie en frissonnant.

— Quel regard? de qui parles-tu? — s'écria Rodolphe.

— De l'*ogresse du tapis-franc*... — murmura Fleur-de-Marie.

— Ce monstre! tu l'as revu? et où cela?

— Vous ne l'avez pas aperçue dans la taverne où est mort le Chourineur? elle se trouvait parmi les femmes qui l'entouraient...

— Ah! maintenant — dit Rodolphe avec accablement — je comprends... Déjà frappée de terreur par le meurtre du Chourineur, tu auras cru voir quelque chose de providentiel dans cette affreuse rencontre!!!

— Il n'est que trop vrai, mon père, à la

vue de l'ogresse, je ressentis un froid mortel ; il me sembla que sous son regard mon cœur, jusqu'alors rayonnant de bonheur et d'espoir, se glaçait tout à coup. Oui, rencontrer cette femme au moment même où le Chourineur mourait en disant : *Le ciel est juste !...* cela me parut un blâme providentiel de mon orgueilleux oubli du passé, que je devais expier à force d'humiliation et de repentir.

— Mais le passé on te l'a imposé, tu n'en peux répondre devant Dieu !

— Vous avez été contrainte... enivrée... malheureuse enfant.

— Une fois précipitée malgré toi dans cet abîme, tu ne pouvais plus en sortir, malgré tes remords, ton épouvante et ton désespoir, grâce à l'atroce indifférence de cette société dont tu étais victime... Tu te voyais à jamais enchaînée dans cet antre ; il a fallu, pour t'en arracher, le hasard qui t'a placée sur mon chemin.

— Et puis enfin, mon enfant, votre père vous le dit, vous étiez victime et non complice de cette infamie... — s'écria Clémence.

— Mais cette infamie... je l'ai subie... ma mère... — reprit douloureusement Fleur-de-Marie. — Rien ne peut anéantir ces affreux souvenirs... Sans cesse ils me poursuivent, non plus comme autrefois au milieu des paisibles habitants d'une ferme ou des femmes dégradées, mes compagnes de Saint-Lazare... mais ils me poursuivent jusque dans ce palais... peuplé de l'élite de l'Allemagne... Ils me poursuivent enfin jusque dans les bras de mon père, jusque sur les marches de son trône.

Et Fleur-de-Marie fondit en larmes.

Rodolphe et Clémence restèrent muets devant cette effrayante expression d'un remords invincible; ils pleuraient aussi, car ils sentaient l'impuissance de leurs consolations.

— Depuis lors — reprit Fleur-de-Marie

en essuyant ses larmes — à chaque instant du jour, je me dis avec une honte amère : On m'honore, on me révère, les personnes les plus éminentes, les plus vénérables m'entourent de respects ; aux yeux de toute une cour, la sœur d'un empereur a daigné rattacher mon bandeau sur mon front... et j'ai vécu dans la fange de la Cité, tutoyée par des voleurs et des assassins...

Oh ! mon père, pardonnez-moi ; mais plus ma position s'est élevée... plus j'ai été frappée de la dégradation profonde où j'étais tombée ; à chaque hommage qu'on me rend, je me sens coupable d'une profanation ; songez-y donc, mon Dieu ! après avoir été *ce que j'ai été*... souffrir que des vieillards s'inclinent devant moi... ; souffrir que de nobles jeunes filles, que des femmes justement respectées se trouvent flattées de m'entourer... ; souffrir enfin que des princesses, doublement augustes et par l'âge et par leur caractère sacerdotal, me comblent de prévenances et d'éloges... cela n'est-il pas impie et sacrilége ! Et puis, si vous saviez, mon père, ce que j'ai souffert... ce que je souffre encore chaque jour en me disant : Si Dieu voulait que le passé fût connu... avec quel mépris mérité on traiterait celle qu'à cette heure on élève si haut !... Quelle juste et effrayante punition !

— Mais, malheureuse enfant... ma femme et moi nous connaissons le passé... nous sommes dignes de notre rang, et pourtant nous te chérissons... nous t'adorons.

— Vous avez pour moi l'aveugle tendresse d'un père et d'une mère...

— Et tout le bien que tu as fait depuis ton séjour ici? et cette institution belle et sainte, cet asile ouvert par toi aux orphelines et aux pauvres filles abandonnées, ces soins admirables d'intelligence et de dévouement dont tu les entoures? Ton insistance à les appeler *tes sœurs*, à vouloir qu'elles t'appellent ainsi, puisqu'en effet tu les traites en sœurs?... N'est-ce donc rien pour la rédemption de fautes qui ne furent pas les tiennes?... Enfin l'affection que te témoigne la digne abbesse de Sainte-Hermangilde, qui ne te connaît que depuis ton arrivée ici, ne la dois-tu pas absolument à l'élévation de ton esprit, à la beauté de ton âme, à ta piété sincère?

— Tant que les louanges de l'abbesse de Sainte-Hermangilde ne s'adressent qu'à ma conduite présente, j'en jouis sans scrupule, mon père; mais lorsqu'elle cite mon exemple aux demoiselles nobles qui sont en religion dans l'abbaye, mais lorsque celles-ci voient en moi un modèle de toutes les vertus, je me sens mourir de confusion, comme si j'étais complice d'un mensonge indigne...

Après un assez long silence, Rodolphe reprit avec un abattement douloureux :

— Je le vois, il faut désespérer de te persuader : les raisonnements sont impuissants contre une conviction d'autant plus inébranlable qu'elle a sa source dans un sentiment généreux et élevé, puisqu'à chaque instant tu jettes un regard sur le passé... Le contraste de ces souvenirs et de ta position présente doit être en effet pour toi un supplice continuel... Pardon, à mon tour, pauvre enfant!

— Vous, mon bon père... me demander pardon!... et de quoi, grand Dieu?

— De n'avoir pas prévu tes susceptibilités... D'après l'excessive délicatesse de ton cœur, j'aurais dû les deviner... Et pourtant... que pouvais-je faire?... Il était de mon devoir de te reconnaître solennellement pour ma fille... alors ces respects, dont l'hommage t'est si douloureux, venaient nécessairement t'entourer...

Oui, mais j'ai eu un tort... j'ai été, vois-tu, trop orgueilleux de toi... j'ai trop voulu jouir du charme que ta beauté, que ton esprit, que ton caractère inspiraient à tous ceux qui t'approchaient... J'aurais dû cacher mon trésor... vivre presque dans la retraite avec Clémence et toi... renoncer à ces fêtes, à ces réceptions nombreuses où j'aimais tant à te voir briller... croyant follement t'élever si haut... si haut... que le passé disparaîtrait entièrement à tes yeux... Mais, hélas! le contraire est arrivé... et, comme tu me l'as dit, plus tu t'es élevée, plus l'abîme dont je t'ai retirée t'a paru sombre et profond...

Encore une fois, c'est ma faute... j'avais pourtant cru bien faire!... — dit Rodolphe en essuyant ses larmes — mais je me suis trompé... Et puis, je me suis cru pardonné trop tôt... la vengeance de Dieu n'est pas satisfaite... elle me poursuit encore dans le bonheur de ma fille!...

Quelques coups discrètement frappés à la porte du salon qui précédait l'oratoire de Fleur-de-Marie interrompirent ce triste entretien.

Rodolphe se leva et entr'ouvrit la porte.

ÉPILOGUE.

Il vit Murph, qui lui dit :

— Je demande pardon à Votre Altesse Royale de venir la déranger ; mais un courrier du prince d'Herkaüsen-Oldenzaal vient d'apporter cette lettre qui, dit-il, est très-importante et doit être sur-le-champ remise à Votre Altesse Royale.

— Merci, mon bon Murph... Ne t'éloigne pas — lui dit Rodolphe avec un soupir — tout à l'heure j'aurai besoin de causer avec toi.

Et le prince, ayant fermé la porte, resta un moment dans le salon pour y lire la lettre que Murph venait de lui remettre.

Elle était ainsi conçue :

« Monseigneur,

« Puis-je espérer que les liens de parenté
» qui m'attachent à Votre Altesse Royale et

» que l'amitié dont elle a toujours daigné m'ho-
» norer excuseront une démarche qui serait
» d'une grande témérité, si elle ne m'était pas
» imposée par une conscience d'honnête
» homme?

» Il y a quinze mois, monseigneur, vous
» reveniez de France, ramenant avec vous
» une fille d'autant plus chérie que vous l'a-
» viez crue perdue pour toujours, tandis
» qu'au contraire elle n'avait jamais quitté sa
» mère, que vous avez épousée à Paris *in ex-*
» *tremis*, afin de légitimer la naissance de la
» princesse Amélie, qui est ainsi l'égale des
» autres Altesses de la confédération germa-
» nique.

» Sa naissance est donc souveraine, sa
» beauté incomparable, son cœur est aussi
» digne de sa naissance que son esprit est
» digne de sa beauté, ainsi que me l'a écrit
» ma sœur l'abbesse de Sainte-Hermangilde,
» qui a souvent l'honneur de voir la fille bien-
» aimée de Votre Altesse Royale.

ÉPILOGUE. 127

» Maintenant, monseigneur, j'aborderai
» franchement le sujet de cette lettre, puisque
» malheureusement une maladie grave me
» retient à Oldenzaal et m'empêche de me
» rendre auprès de Votre Altesse Royale.

» Pendant le temps que mon fils a passé à
» Gerolstein, il a vu presque chaque jour la
» princesse Amélie... il l'aime éperdûment...
» mais il lui a toujours caché cet amour.

» J'ai cru devoir, monseigneur, vous en
» instruire. Vous avez daigné accueillir pater-
» nellement mon fils et l'engager à revenir
» au sein de votre famille vivre de cette inti-
» mité qui lui était si précieuse... j'aurais
» indignement manqué à la loyauté en dissi-
» mulant à Votre Altesse Royale une circon-
» stance qui doit modifier l'accueil qui était
» réservé à mon fils.

» Je sais qu'il serait insensé à nous d'oser
» espérer nous allier plus étroitement encore
» à la famille de Votre Altesse Royale.

» Je sas que la fille dont vous êtes à bon
» droit si fier, monseigneur, doit prétendre
» à de hautes destinées ;

» Mais je sais aussi que vous êtes le plus
» tendre des pères, et que, si vous jugiez
» jamais mon fils digne de vous appartenir
» et de faire le bonheur de la princesse Amé-
» lie, vous ne seriez pas arrêté par les graves
» disproportions qui rendent pour nous une
» telle fortune inespérée.

» Il ne m'appartient pas de faire l'éloge
» d'Henri, monseigneur; mais j'en appelle
» aux encouragements et aux louanges que
» vous avez si souvent daigné lui accorder.

» Je n'ose et ne puis vous en dire davan-
» tage, monseigneur, mon émotion est trop
» profonde.

» Quelle que soit votre détermination, veuil-
» lez croire que nous nous y soumettrons avec
» respect et que je serai toujours fidèle aux

» sentiments profondément dévoués avec les-
» quels j'ai l'honneur d'être

» de Votre Altesse Royale

» le très-humble et obéissant serviteur,

» Gustave-Paul,
» *prince d'Herkaüsen-Oldenzaal.* »

CHAPITRE VI.

AVEUX.

Après la lecture de la lettre du prince, père d'Henri, Rodolphe resta quelque temps triste et pensif; puis, un rayon d'espoir éclairant son front, il revint auprès de sa fille, à qui Clémence prodiguait en vain les plus tendres consolations.

— Mon enfant, tu l'as dit toi-même, Dieu a voulu que ce jour fût celui des explications solennelles — dit Rodolphe à Fleur-de-Marie; — je ne prévoyais pas qu'une nouvelle et grave circonstance dût encore justifier tes paroles.

— De quoi s'agit-il, mon père ?

— Mon ami, qu'y a-t-il ?

— De nouveaux sujets de crainte.

— Pour qui donc, mon père ?

— Pour toi.

— Pour moi ?

— Tu ne nous as avoué que la moitié de tes chagrins... pauvre enfant.

— Soyez assez bon... pour vous expliquer... mon père — dit Fleur-de-Marie en rougissant

— Maintenant je le puis ; je n'ai pu le faire plus tôt, ignorant que tu désespérais à ce point de ton sort. Écoute, ma fille chérie, tu te crois... ou plutôt tu es bien malheureuse... Lorsque, au commencement de notre entre-

ÉPILOGUE.

tien... tu m'as parlé des espérances qui te restaient... j'ai compris... mon cœur a été brisé... car il s'agissait pour moi de te perdre à jamais... de te voir t'enfermer dans un cloître... de te voir descendre vivante dans un tombeau. Tu voudrais entrer au couvent?..

— Mon père...

— Mon enfant, est-ce vrai?

— Oui... si vous me le permettez... — répondit Fleur-de-Marie d'une voix étouffée.

— Nous quitter!.. — s'écria Clémence.

— L'abbaye de Sainte-Hermangilde est bien rapprochée de Gerolstein; je vous verrais souvent, vous et mon père...

— Songez donc que de tels vœux sont éternels, ma chère enfant... Vous n'avez pas dix-huit ans... et peut-être... un jour...

— Oh! je ne me repentirai jamais de la résolution que je prends... je ne trouverai le repos et l'oubli que dans la solitude d'un cloître, si toutefois mon père, et vous, ma seconde mère, vous me continuez votre affection.

— Les devoirs, les consolations de la vie religieuse pourraient, en effet — dit Rodolphe — sinon guérir, du moins calmer les douleurs de ta pauvre âme abattue et déchirée... Et quoiqu'il s'agisse de la moitié du bonheur de ma vie, il se peut que j'approuve ta résolution... Je sais ce que tu souffres, et je ne dis pas que le renoncement au monde ne doive pas être le terme fatalement logique de ta triste existence...

— Quoi!.. vous aussi, Rodolphe! — s'écria Clémence.

— Permettez-moi, mon amie, d'exprimer toute ma pensée — reprit Rodolphe. Puis, s'adressant à sa fille: — Mais avant de prendre cette détermination extrême, il faut examiner si un autre avenir ne serait pas plus selon tes vœux et selon les nôtres. Dans ce cas, aucun sacrifice ne me coûterait pour t'assurer cet avenir...

Fleur-de-Marie et Clémence firent un mouvement de surprise; Rodolphe reprit en regardant fixement sa fille :

— Que penses-tu... de ton cousin le prince Henri ?

Fleur-de-Marie tressaillit et devint pourpre.

Après un moment d'hésitation, elle se jeta dans les bras du prince en pleurant.

— Tu l'aimes, pauvre enfant ?

— Vous ne me l'aviez jamais demandé, mon père! — répondit Fleur-de-Marie en essuyant ses larmes.

— Mon ami... nous ne nous étions pas trompés... — dit Clémence.

— Ainsi tu l'aimes... —ajouta Rodolphe en prenant les mains de sa fille dans les siennes ; — tu l'aimes bien, mon enfant chéri?

— Oh! si vous saviez — reprit Fleur-de-Marie — ce qu'il m'en a coûté de vous cacher ce sentiment dès que je l'ai eu découvert dans mon cœur. Hélas! à la moindre question de votre part, je vous aurais tout avoué... Mais la honte me retenait et m'aurait toujours retenue.

— Et crois-tu qu'Henri... connaisse ton amour pour lui? — dit Rodolphe.

— Grand Dieu! mon père, je ne le pense pas! — s'écria Fleur-de-Marie avec effroi.

— Et lui... crois-tu qu'il t'aime?

— Non, mon père... non... Oh! j'espère que non... il souffrirait trop.

— Et comment cet amour est-il venu, mon ange aimé?

— Hélas! presqu'à mon insu... Vous vous souvenez d'un portrait de page?

— Qui se trouvait dans l'appartement de l'abbesse de Sainte-Hermangilde... c'était le portrait d'Henri.

— Oui, mon père... Croyant cette peinture d'une autre époque, un jour, en votre présence, je ne cachai pas à la supérieure que j'étais frappée de la beauté de ce portrait. Vous me dites alors, en plaisantant, que ce tableau représentait un de nos parents d'autrefois, qui, très-jeune encore, avait montré un grand courage et d'excellentes qualités. La grâce de cette figure, jointe à ce que vous me dites du noble caractère de ce parent, ajouta encore à ma première impression... Depuis ce jour, souvent je m'étais plu à me rappeler ce portrait, et cela sans le moindre scrupule, croyant qu'il s'agissait d'un de nos cousins mort depuis long-temps... Peu à peu je m'habituai à ces douces pensées... sachant qu'il ne m'était pas permis d'aimer sur cette terre... — ajouta Fleur-de-Marie avec une expression navrante, et en laissant de nouveau couler ses larmes.— Je me fis de ces rêveries bizarres une sorte de mélancolique intérêt, moitié sourire et moitié larmes ; je regardais ce joli page des temps passés comme un fiancé d'outre-tombe... que je retrouverais peut-être un jour dans l'éternité ; il me semblait qu'un tel amour était seul digne d'un cœur qui vous appartenait tout entier, mon père... Mais pardonnez-moi ces tristes enfantillages.

— Rien n'est plus touchant, au contraire, pauvre enfant ! — dit Clémence profondément émue.

— Maintenant — reprit Rodolphe — je comprends pourquoi tu m'as reproché un jour, d'un air chagrin, de t'avoir trompée sur ce portrait.

ÉPILOGUE. 139

—Hélas! oui, mon père. Jugez de ma confusion lorsque plus tard la supérieure m'apprit que ce portrait était celui de son neveu, l'un de nos parents... Alors mon trouble fut extrême; je tâchai d'oublier mes premières impressions; mais plus j'y tâchais, plus elles s'enracinaient dans mon cœur, par suite même de la persévérance de mes efforts... Malheureusement encore, souvent je vous entendis, mon père, vanter le cœur, l'esprit, le caractère du prince Henri...

— Tu l'aimais déjà, mon enfant chéri, alors que tu n'avais encore vu que son portrait et entendu parler que de ses rares qualités.

— Sans l'aimer, mon père, je sentais pour lui un attrait que je me reprochais amèrement; mais je me consolais en pensant que personne au monde ne saurait ce triste secret, qui me couvrait de honte à mes propres yeux. Oser aimer... moi... moi... et puis ne pas me contenter de votre tendresse, de celle de ma seconde mère! Ne vous devais-je pas assez pour employer toutes les forces, toutes les ressources de mon cœur à vous chérir tous deux?... Oh! croyez-moi, parmi mes reproches, ces derniers furent les plus douloureux. Enfin, pour la première fois, je vis mon cousin... à cette grande fête que vous donniez à l'archiduchesse Sophie; le prince Henri ressemblait d'une manière si saisissante à son portrait, que je le reconnus tout d'abord... Le soir même, mon père, vous m'avez présenté mon cousin, en autorisant entre nous l'intimité que permet la parenté.

— Et bientôt vous vous êtes aimés?

— Ah! mon père, il exprimait son respect, son attachement, son admiration pour vous avec tant d'éloquence... vous m'aviez dit vous-même tant de bien de lui!...

— Il le méritait... Il n'est pas de caractère plus élevé, il n'est pas de meilleur et de plus valeureux cœur.

ÉPILOGUE.

— Ah! de grâce... mon père... ne le louez pas ainsi... Je suis déjà si malheureuse.

— Et moi, je tiens à te bien convaincre de toutes les rares qualités de ton cousin... Ce que je te dis t'étonne... je le conçois, mon enfant... Continue...

— Je sentais le danger que je courais en voyant le prince Henri chaque jour, et je ne pouvais me soustraire à ce danger. Malgré mon aveugle confiance en vous, mon père, je n'osais vous exprimer mes craintes... Je mis tout mon courage à cacher cet amour; pourtant, je vous l'avoue, mon père, malgré mes remords, souvent, dans cette fraternelle intimité de chaque jour, oubliant le passé, j'éprouvai des éclairs de bonheur inconnu jusqu'alors... mais bientôt suivis, hélas! de sombres désespoirs, dès que je retombais sous l'influence de mes tristes souvenirs... Car, hélas! s'ils me poursuivaient au milieu des hommages et des respects de personnes presque indifférentes, jugez.. jugez, mon père, de mes tortures lorsque le prince Henri me prodiguait les louanges les plus délicates... m'entourait d'une adoration candide et pieuse, mettant, disait-il, l'attachement fraternel qu'il ressentait pour moi sous la sainte protection de sa mère, qu'il avait perdue bien jeune. Du moins ce doux nom de sœur qu'il me donnait, je tâchais de le mériter, en conseillant mon cousin sur son avenir, selon mes faibles lumières, en m'intéressant à tout ce qui le touchait, en me promettant de toujours vous demander pour lui votre bienveillant appui... Mais souvent aussi, que de tourments, que de pleurs dévorés, lorsque par hasard le prince Henri m'interrogeait sur mon enfance, sur ma première jeunesse... Oh! tromper... toujours tromper... toujours craindre... toujours mentir, toujours trembler devant le regard de celui qu'on aime et qu'on respecte, comme le criminel tremble devant le regard inexorable de son juge!... Oh! mon père, j'étais coupable, je le sais, je n'avais pas le droit d'aimer; mais j'expiais ce triste amour par bien des douleurs... Que vous dirai-je?

le départ du prince Henri, en me causant un nouveau et violent chagrin... m'a éclairée ; j'ai vu que je l'aimais plus encore que je ne le croyais... Aussi — ajouta Fleur-de-Marie avec accablement, et comme si cette confession eût épuisé ses forces — bientôt je vous aurais fait cet aveu... car ce fatal amour a comblé la mesure de ce que je souffre... Dites, maintenant que vous savez tout, dites, mon père, est-il pour moi un autre avenir que celui du cloître ?...

— Il en est un autre, mon enfant... oui... et cet avenir est aussi doux, aussi riant, aussi heureux que celui du couvent est morne et sinistre !

— Que dites-vous, mon père ?...

— Écoute-moi à ton tour... Tu sens bien que je t'aime trop, que ma tendresse est trop clairvoyante pour que ton amour et celui d'Henri m'aient échappé ; au bout de quelques jours je fus certain qu'il t'aimait... plus encore peut-être que tu ne l'aimes...

— Mon père... non... non... c'est impossible, il ne m'aime pas à ce point.

— Il t'aime, te dis-je... il t'aime avec passion, avec délire.

— Oh! mon Dieu! mon Dieu!

— Écoute encore... Lorsque je t'ai fait cette plaisanterie du portrait, j'ignorais qu'Henri dût venir bientôt voir sa tante à Gerolstein. Lorsqu'il y vint, je cédai au penchant qu'il m'a toujours inspiré, je l'invitai à nous voir souvent... Jusqu'alors je l'avais traité comme mon fils, je ne changeai rien à ma manière d'être envers lui... Au bout de quelques jours, Clémence et moi nous ne pûmes douter de l'attrait que vous éprouviez l'un pour l'autre... Si ta position était douloureuse, ma pauvre enfant, la mienne aussi était pénible, et surtout d'une délicatesse extrême... Comme père... sachant les rares et excellentes qualités d'Henri, je ne pouvais qu'être profondément heureux de votre attachement, car jamais je n'aurais pu rêver un époux plus digne de toi.

— Ah! mon père... pitié!... pitié!...

— Mais, comme homme d'honneur, je songeais au triste passé de mon enfant... Aussi, loin d'encourager les espérances d'Henri, dans plusieurs entretiens je lui donnai des conseils absolument contraires à ceux qu'il aurait dû attendre de moi, si j'avais songé à lui accorder ta main. Dans des conjonctures si délicates, comme père et comme homme d'honneur, je devais garder une neutralité rigoureuse, ne pas encourager l'amour de ton cousin, mais le traiter avec la même affabilité que par le passé... Tu as été jusqu'ici si malheureuse, mon enfant chéri, que te voyant pour ainsi dire te ranimer sous l'influence de ce noble et pur amour, pour rien au monde je n'aurais voulu te ravir ces joies divines et rares... En admettant même que cet amour dût être brisé plus tard... tu aurais au moins connu quelques jours d'innocent bonheur... Et puis enfin... cet amour pouvait assurer ton repos à venir...

— Mon repos?

— Écoute encore... Le père d'Henri, le prince Paul, vient de m'écrire; voici sa lettre... Quoiqu'il regarde cette alliance comme une faveur inespérée... il me demande ta main pour son fils, qui, me dit-il, éprouve pour toi l'amour le plus respectueux et le plus passionné.

— Oh! mon Dieu! mon Dieu! — dit Fleur-de-Marie en cachant son visage dans ses mains — j'aurais pu être si heureuse!

— Courage, ma fille bien-aimée! Si tu le veux, ce bonheur est à toi — s'écria tendrement Rodolphe.

— Oh! jamais!... jamais!... oubliez-vous?..

— Je n'oublie rien... Mais que demain tu

entres au couvent, non-seulement je te perds à jamais... mais tu me quittes pour une vie de larmes et d'austérité... Eh bien! te perdre... pour te perdre, qu'au moins je te sache heureuse et mariée à celui que tu aimes... et qui t'adore.

— Mariée avec lui... moi, mon père!...

— Oui... mais à la condition que, sitôt après votre mariage, contracté ici, la nuit, sans d'autres témoins que Murph pour toi et que le baron de Graün pour Henri, vous partirez tous deux pour aller dans quelque tranquille retraite de Suisse ou d'Italie vivre inconnus, en riches bourgeois. Maintenant, ma fille chérie, sais-tu pourquoi je me résigne à t'éloigner de moi? sais-tu pourquoi je désire qu'Henri quitte son titre une fois hors de l'Allemagne? C'est que je suis sûr qu'au milieu d'un bonheur solitaire, concentré dans une existence dépouillée de tout faste, peu à peu tu oublieras cet odieux passé, qui t'est surtout pénible parce qu'il contraste amèrement avec les cérémonieux hommages dont à chaque instant tu es entourée.

— Rodolphe a raison — s'écria Clémence. — Seule avec Henri, continuellement heureuse de son bonheur et du vôtre, il ne vous restera pas le temps de songer à vos chagrins d'autrefois, mon enfant.

— Puis, comme il me serait impossible d'être long-temps sans te voir, chaque année Clémence et moi nous irons vous visiter.

— Et un jour... lorsque la plaie dont vous souffrez tant, pauvre petite, sera cicatrisée... lorsque vous aurez trouvé l'oubli dans le bonheur... et ce moment arrivera plus tôt que vous ne le pensez... vous reviendrez près de nous pour ne plus nous quitter !

— L'oubli... dans le bonheur?... — murmura Fleur-de-Marie, qui malgré elle se laissait bercer par ce songe enchanteur.

ÉPILOGUE.

— Oui... oui, mon enfant — reprit Clémence — lorsqu'à chaque instant du jour vous vous verrez bénie, respectée, adorée par l'époux de votre choix, par l'homme dont votre père vous a mille fois vanté le cœur noble et généreux... aurez-vous le loisir de songer au passé? Et lors même que vous y songeriez... comment ce passé vous attristerait-il? comment vous empêcherait-il de croire à la radieuse félicité de votre mari?

— Enfin c'est vrai... car dis-moi, mon enfant — reprit Rodolphe qui pouvait à peine contenir des larmes de joie en voyant sa fille ébranlée — en présence de l'idolâtrie de ton mari pour toi... lorsque tu auras la conscience et la preuve du bonheur qu'il te doit... quels reproches pourras-tu te faire?

— Mon père... — dit Fleur-de-Marie, oubliant le passé pour cette espérance ineffable — tant de bonheur me serait-il encore réservé!

— Ah! j'en étais bien sûr! — s'écria Rodolphe dans un élan de joie triomphante — est-ce qu'après tout un père qui le veut... ne peut pas rendre au bonheur son enfant adoré...

— Elle mérite tant... que nous devions être exaucés, mon ami — dit Clémence en partageant le ravissement du prince.

— Épouser Henri... et un jour... passer ma vie entre lui... ma seconde mère... et mon père... — répéta Fleur-de-Marie, subissant de plus en plus la douce ivresse de ces pensées.

— Oui, mon ange aimé, nous serons tous heureux!.. Je vais répondre au père d'Henri que je consens au mariage — s'écria Rodolphe en serrant Fleur-de-Marie dans ses bras avec une émotion indicible. Rassure-toi, notre séparation sera passagère... les nouveaux devoirs que le mariage va t'imposer raffermiront encore tes pas dans cette voie d'oubli et de félicité où tu vas marcher désormais... car enfin, si un jour tu es mère, ce ne sera pas seulement pour toi qu'il te faudra être heureuse...

— Ah ! — s'écria Fleur-de-Marie avec un cri déchirant, car ce mot de *mère* la réveilla du songe enchanteur qui la berçait — mère !.. moi?..Oh ! jamais !.. je suis indigne de ce saint nom... Je mourrais de honte devant mon enfant... si je n'étais pas morte de honte devant son père... en lui faisant l'aveu du passé...

— Que dit-elle, mon Dieu ! — s'écria Rodolphe, foudroyé par ce brusque changement...

—Moi mère !—reprit Fleur-de-Marie avec une amertume désespérée — moi respectée, moi bénie par un enfant innocent et candide ! Moi autrefois l'objet du mépris de tous ! moi profaner ainsi le nom sacré de mère... oh ! jamais... Misérable folle que j'étais de me laisser entraîner à un espoir indigne !..

— Ma fille, par pitié, écoute-moi.

Fleur-de-Marie se leva droite, pâle et belle, de la majesté d'un malheur incurable.

— Mon père... nous oublions qu'avant de m'épouser... le prince Henri doit connaître ma vie passée...

— Je ne l'avais pas oublié — s'écria Rodolphe; — il doit tout savoir... il saura tout...

— Et vous ne voulez pas que je meure... de me voir ainsi dégradée à ses yeux?

— Mais il saura aussi quelle irrésistible fatalité t'a jetée dans l'abîme... mais il saura ta réhabilitation.

— Et il sentira enfin — reprit Clémence en serrant Fleur-de-Marie dans ses bras — que lorsque je vous appelle *ma fille*... il peut sans honte vous appeler *sa femme*...

ÉPILOGUE.

— Et moi... ma mère... j'aime trop... j'estime trop le prince Henri pour jamais lui donner une main qui a été touchée par les bandits de la Cité...

. . . .

Peu de temps après cette scène douloureuse, on lisait dans la *Gazette officielle de Gerolstein :*

« Hier a eu lieu, en l'abbaye grand-ducale
» de Sainte-Hermangilde, en présence de Son
» Altesse Royale le Grand-Duc régnant et de
» toute la cour, la prise de voile de très-haute
» et très-puissante princesse Son Altesse Amé-
» lie de Gerolstein.

» Le noviciat a été reçu par l'illustrissime et
» révérendissime seigneur monseigneur Char-
» les Maxime, archevêque-duc d'Oppeinheim,
» Monseigneur Annibal André Montano, des
» princes de Delphes, évêque de Ceuta *in par-*

» tibus infidelium et nonce apostolique, y a
» donné le salut et LA BÉNÉDICTION PAPALE.

» Le sermon a été prononcé par le révéren-
» dissime seigneur Pierre d'Asfeld, chanoine
» du chapitre de Cologne, comte du Saint-
» Empire romain.

» VENI, CREATOR OPTIME. »

CHAPITRE VII.

LA PROFESSION.

Rodolphe à Clémence.

Gerolstein, 12 janvier 1842 (1).

En me rassurant complétement aujourd'hui sur la santé de votre père, mon amie, vous me faites espérer que vous pourrez avant la fin de cette semaine le ramener ici. Je l'avais prévenu que dans la résidence de Ro-

(1) Environ six mois se sont passés depuis que Fleur-de-Marie est entrée comme novice au couvent de Sainte-Hermangilde.

senfeld, située au milieu des forêts, il serait exposé, malgré toutes les précautions possibles, à l'âpre rigueur de nos froids; malheureusement sa passion pour la chasse a rendu nos conseils inutiles. Je vous en conjure, Clémence, dès que votre père pourra supporter le mouvement de la voiture, partez aussitôt; quittez ce pays sauvage et cette sauvage demeure, seulement habitable pour ces vieux Germains, au corps de fer, dont la race a disparu.

Je tremble qu'à votre tour vous ne tombiez malade; les fatigues de ce voyage précipité, les inquiétudes auxquelles vous avez été en proie jusqu'à votre arrivée auprès de votre père, toutes ces causes ont dû réagir cruellement sur vous. Que n'ai-je pu vous accompagner?...

Clémence, je vous en supplie, pas d'imprudence; je sais combien vous êtes vaillante et dévouée... je sais de quels soins empressés vous allez entourer votre père; mais il serait aussi désespéré que moi, si votre santé s'altérait pendant ce voyage. Je déplore doublement la maladie du comte, car elle vous éloigne de moi dans un moment où j'aurais puisé bien des consolations dans votre tendresse...

La cérémonie de la *profession* de notre pauvre enfant est toujours fixée à demain... à demain 13 *janvier*, époque fatale... C'est le TREIZE JANVIER que j'ai tiré l'épée contre mon père...

Ah! mon amie... je m'étais cru pardonné trop tôt... L'enivrant espoir de passer ma vie auprès de vous et de ma fille m'avait fait oublier que ce n'était pas moi, mais *elle*, qui avait été punie jusqu'à présent, et que mon châtiment était encore à venir.

Et il est venu...lorsqu'il y a six mois l'infortunée nous a dévoilé la double torture de son cœur : — *sa honte incurable du passé... jointe à son malheureux amour pour Henri...*

Ces deux amers et brûlants ressentiments, exaltés l'un par l'autre, devaient par une logique fatale amener son inébranlable résolution de prendre le voile. Vous le savez, mon amie, en combattant ce dessein de toutes les forces de notre adoration pour elle, nous ne pouvions nous dissimuler que sa digne et courageuse conduite eût été la nôtre... Que répondre à ces mots terribles :

J'aime trop le prince Henri pour lui donner une main touchée par les bandits de la Cité...

Elle a dû se sacrifier à ses nobles scrupules, au souvenir ineffaçable de sa honte ; elle l'a fait vaillamment... elle a renoncé aux splendeurs du monde, elle est descendue des marches d'un trône pour s'agenouiller, vêtue de bure, sur la dalle d'une église ; elle a croisé ses mains sur sa poitrine, courbé sa tête angélique... et ses beaux cheveux blonds que j'aimais tant et que je conserve comme un trésor... sont tombés tranchés par le fer...

ÉPILOGUE.

Oh! mon amie, vous savez notre émotion déchirante à ce moment lugubre et solennel; cette émotion est, à cette heure, aussi poignante que par le passé... En vous écrivant ces mots, je pleure comme un enfant.

. . . .

Je l'ai vue ce matin : quoiqu'elle m'ait paru moins pâle que d'habitude, et qu'elle prétende ne pas souffrir... sa santé m'inquiète mortellement. Hélas! lorsque sous le voile et le bandeau qui entourent son noble front, je vois ses traits amaigris qui ont la froide blancheur du marbre, et qui font paraître ses grands yeux bleus plus grands encore, je ne puis m'empêcher de songer au doux et pur éclat dont brillait sa beauté lors de notre mariage. Jamais, n'est-ce pas, nous ne l'avions vue plus charmante? notre bonheur semblait rayonner sur son délicieux visage.

Comme je vous le disais, je l'ai vue ce matin; elle n'est pas prévenue que la princesse

Julianne se démet volontairement en sa faveur de sa dignité abbatiale : demain donc, jour de sa profession, notre enfant sera élue abbesse, puisqu'il y a unanimité parmi les demoiselles nobles de la communauté pour lui conférer cette dignité (1).

Depuis le commencement de son noviciat, il n'y a qu'une voix sur sa piété, sur sa charité, sur sa religieuse exactitude à remplir toutes les règles de son Ordre, dont elle exagère malheureusement les austérités... Elle a exercé dans ce couvent l'influence qu'elle exerce partout, sans y prétendre et en l'ignorant, ce qui en augmente la puissance...

Son entretien de ce matin m'a confirmé ce dont je me doutais; elle n'a pas trouvé dans la solitude du cloître et dans la pratique sévère

---

(1) Dans quelques circonstances, on élevait une religieuse à la dignité d'abbesse le jour même de sa profession. — Voir la *Vie de très-haute et très-religieuse princesse madame Charlotte Flandrine de Nassau, très-digne abbesse du royal monastère de Sainte-Croix, qui fut élue abbesse à dix-neuf ans.*

de la vie monastique le repos et l'oubli...; elle se félicite pourtant de sa résolution, qu'elle considère comme l'accomplissement d'un devoir impérieux; mais elle souffre toujours, car elle n'est pas née pour ces contemplations mystiques, au milieu desquelles certaines personnes, oubliant toutes les affections, tous les souvenirs terrestres, se perdent en ravissements ascétiques.

Non, Fleur-de-Marie croit, elle prie, elle se soumet à la rigoureuse et dure observance de son Ordre; elle prodigue les consolations les plus évangéliques, les soins les plus humbles aux pauvres femmes malades qui sont traitées dans l'hospice de l'abbaye. Elle a refusé jusqu'à l'aide d'une sœur converse pour le modeste ménage de cette triste cellule froide et nue où nous avons remarqué avec un si douloureux étonnement, vous vous le rappelez, mon amie, les branches desséchées de *son petit rosier*, suspendues au-dessous de son christ. Elle est enfin l'exemple chéri, le modèle vénéré de la communauté... Mais elle me l'a avoué ce matin, en se reprochant cette faiblesse avec amertume, elle n'est pas tellement absorbée par la pratique et par les austérités de la vie religieuse, que le passé ne lui apparaisse sans cesse non-seulement tel qu'il a été... mais tel qu'il aurait pu être.

— « Je m'en accuse, mon père — me disait-elle avec cette calme et douce résignation que vous lui connaissez ;—je m'en accuse, mais je ne puis m'empêcher de songer souvent que, si Dieu avait voulu m'épargner la dégradation qui a flétri à jamais mon avenir, j'aurais pu vivre toujours auprès de vous, aimée de l'époux de votre choix. Malgré moi ma vie se partage entre ces douloureux regrets et les effroyables souvenirs de *la Cité;* en vain je prie Dieu de me délivrer de ces obsessions, de remplir uniquement mon cœur de son pieux amour, de ses saintes espérances, de me prendre enfin tout entière, puisque je veux me donner tout entière à lui... Il n'exauce pas mes vœux... sans doute parce que mes préoccupations terrestres me rendent indigne d'entrer en communion avec lui. »

EPILOGUE.

— « Mais alors — m'écriai-je, saisi d'une folle lueur d'espérance — il en est temps encore, aujourd'hui ton noviciat finit, mais c'est seulement demain qu'aura lieu ta profession solennelle ; tu es encore libre, renonce à cette vie si rude et si austère qui ne t'offre pas les consolations que tu attendais ; souffrir pour souffrir, viens souffrir dans nos bras, notre tendresse adoucira tes chagrins. »

Secouant tristement la tête, elle me répondit avec cette inflexible justesse de raisonnement qui nous a si souvent frappés :

— « Sans doute, mon bon père, la solitude du cloître est bien triste pour moi... pour moi déjà si habituée à vos tendresses de chaque instant. Sans doute je suis poursuivie par d'amers regrets, par de navrants souvenirs, mais au moins j'ai la conscience d'accomplir un devoir... mais je comprends, mais je sais que partout ailleurs qu'ici je serais déplacée ; je me retrouverais dans cette condition si cruellement fausse... dont j'ai déjà tant souffert... et pour moi... et pour vous... car j'ai ma fierté aussi. Votre fille sera ce qu'elle doit être... fera ce qu'elle doit faire, subira ce qu'elle doit subir... Demain tous sauraient de quelle fange vous m'avez tirée... qu'en me voyant repentante au pied de la croix on me pardonnerait peut-être le passé en faveur de mon humilité présente... Et il n'en serait pas ainsi, n'est-ce pas, mon bon père, si l'on me voyait, comme il y a quelques mois, briller au milieu des splendeurs de votre cour. D'ailleurs, satisfaire aux justes et sévères exigences du monde, c'est me satisfaire moi-même; aussi je remercie et je bénis Dieu de toute la puissance de mon âme, en songeant que *lui seul* pouvait offrir à votre fille un asile et une position dignes d'elle et de vous... une position enfin qui ne formât pas un affligeant contraste avec ma dégradation première... et qui pût me mériter le seul respect qui me soit dû... celui que l'on accorde au repentir et à l'humilité sincères. »

Hélas! Clémence... que répondre à cela?...

ÉPILOGUE.

Fatalité! fatalité! car cette malheureuse enfant est douée, si cela se peut dire, d'une inexorable *logique* en tout ce qui touche les délicatesses du cœur et de l'honneur. Avec un esprit et une âme pareils, il ne faut pas songer à pallier, à *tourner* les positions fausses, il faut en subir les implacables conséquences....

Je l'ai quittée, comme toujours, le cœur brisé.

Sans fonder le moindre espoir sur cette entrevue, qui sera la dernière avant sa *profession,* je m'étais dit : Aujourd'hui encore elle peut renoncer au cloître... Mais, vous le voyez, mon amie, sa volonté est irrévocable, et je dois, hélas! en convenir avec elle, et répéter ses paroles :

— *Dieu seul pouvait lui offrir un asile et une position dignes d'elle et de moi.*

Encore une fois, sa résolution est admirablement convenable et logique au point de vue de la société où nous vivons... Avec l'exquise susceptibilité de Fleur-de-Marie, il n'y a pas pour elle d'autre condition possible. Mais je vous l'ai dit bien souvent, mon amie, si des devoirs sacrés, plus sacrés encore que ceux de la famille, ne me retenaient pas au milieu de ce peuple qui m'aime, et dont je suis un peu la Providence, je serais allé avec vous, ma fille, Henri et Murph vivre heureux et obscur dans quelque retraite ignorée. Alors, loin des lois impérieuses d'une société impuissante à guérir les maux qu'elle a faits, nous aurions bien forcé cette malheureuse enfant au bonheur et à l'oubli... tandis qu'ici, au milieu de cet éclat, de ce cérémonial, si restreint qu'il fût, c'était impossible... Mais encore une fois... fatalité!.. fatalité!... je ne puis abdiquer mon pouvoir sans compromettre le bonheur de ce peuple qui compte sur moi... Braves et dignes gens!.... qu'ils ignorent toujours ce que leur félicité me coûte!...

Adieu, tendrement adieu, ma bien-aimée Clémence. Il m'est presque consolant de vous

ÉPILOGUE.

voir aussi affligée que moi du sort de mon enfant, car ainsi je puis dire *notre* chagrin, et il n'y a pas d'égoïsme dans ma souffrance.

Quelquefois je me demande avec effroi ce que je serais devenu sans vous, au milieu de circonstances si douloureuses... Souvent aussi ces pensées m'apitoient encore davantage sur le sort de Fleur-de-Marie... car vous me restez, vous... Et à elle, que lui reste-t-il?

Adieu encore, et tristement adieu, noble amie, bon ange des jours mauvais. Revenez bientôt, cette absence vous pèse autant qu'à moi...

A vous ma vie et mon amour!... âme et cœur, à vous!

R.

Je vous envoie cette lettre par un courrier; à moins de changement imprévu, je vous en expédierai un autre demain sitôt après la triste cérémonie. Mille vœux et espoirs à votre père pour son prompt rétablissement. J'oubliais de vous donner des nouvelles du pauvre Henri; son état s'améliore et ne donne plus de si graves inquiétudes. Son excellent père, malade lui-même, a retrouvé des forces pour le soigner, pour le veiller; miracle d'amour paternel... qui ne nous étonne pas, nous autres.

Ainsi donc, amie, à demain... demain... jour sinistre et néfaste pour moi...

A vous encore, à vous toujours.

R.

Abbaye de Sainte-Hermangilde, quatre heures du matin.

Rassurez-vous, Clémence... rassurez-vous, quoique l'heure à laquelle je vous écris cette lettre et le lieu d'où elle est datée doivent vous effrayer...

Grâce à Dieu, le danger est passé, mais la crise a été terrible...

ÉPILOGUE.

Hier, après vous avoir écrit, agité par je ne sais quel funeste pressentiment, me rappelant la pâleur, l'air souffrant de ma fille, l'état de faiblesse où elle languit depuis quelque temps, songeant enfin qu'elle devait passer en prières, dans une immense et glaciale église, presque toute cette nuit qui précède sa profession, j'ai envoyé Murph et David à l'abbaye demander à la princesse Julianne de leur permettre de rester jusqu'à demain dans la maison extérieure qu'Henri habitait ordinairement. Ainsi ma fille pouvait avoir de prompts secours et moi de ses nouvelles, si, comme je le craignais, les forces lui manquaient pour accomplir cette rigoureuse... je ne veux pas dire cruelle... obligation de rester une nuit de janvier en prières, par un froid excessif. J'avais aussi écrit à Fleur-de-Marie que, tout en respectant l'exercice de ses devoirs religieux, je la suppliais de songer à sa santé, et de faire sa veillée de prières dans sa cellule, et non dans l'église. Voici ce qu'elle m'a répondu :

« Mon bon père, je vous remercie du plus
» profond de mon cœur de cette nouvelle et
» tendre preuve de votre intérêt ; n'ayez au-
» cune inquiétude, je me crois en état d'ac-
» complir mon devoir... Votre fille, mon bon
» père, ne peut témoigner ni crainte ni fai-
» blesse... la règle est telle, je dois m'y confor-
» mer. En résultât-il quelques souffrances
» physiques, c'est avec joie que je les offrirais
» à Dieu !... Vous m'approuverez, je l'espère,
» vous qui avez toujours pratiqué le renonce-
» ment et le devoir avec tant de courage...
» Adieu, mon bon père... je ne vous dirai pas
» que je vais prier pour vous... en priant
» Dieu, je vous prie toujours, car il m'est im-
» possible de ne pas vous confondre avec la
» divinité que j'implore ; vous avez été pour
» moi sur la terre ce que Dieu, si je le mérite,
» sera pour moi dans le ciel.

» Daignez bénir ce soir votre fille par la
» pensée, mon bon père... elle sera demain l'é-
» pouse du Seigneur...

» Elle vous baise la main avec un pieux
» respect.

» Sœur AMÉLIE. »

Cette lettre, que je ne pus lire sans fondre en larmes, me rassura pourtant quelque peu; je devais, moi aussi, accomplir une veillée sinistre.

La nuit venue, j'allai m'enfermer dans le pavillon que j'ai fait construire non loin du monument élevé au souvenir de mon père... en expiation de cette nuit fatale...

Vers une heure du matin, j'entendis la voix de Murph, je frissonnai d'épouvante; il arrivait en toute hâte du couvent.

Que vous dirai-je, mon amie? Ainsi que je l'avais prévu, la malheureuse enfant, malgré son courage et sa volonté, n'a pas eu la force d'accomplir entièrement cette pratique barbare, dont il avait été impossible à la princesse

Julianne de la dispenser, la règle étant formelle à ce sujet.

A huit heures du soir, Fleur-de-Marie s'est agenouillée sur la pierre de cette église... Jusqu'à plus de minuit elle a prié... Mais à cette heure, succombant à sa faiblesse, à cet horrible froid, à son émotion, car elle a longuement et silencieusement pleuré... elle s'est évanouie... Deux religieuses qui par ordre de la princesse Julianne avaient partagé sa veillée... vinrent la relever et la transportèrent dans sa cellule...

David fut à l'instant prévenu ; Murph monta en voiture, accourut me chercher ; je volai au couvent ; je fus reçu par la princesse Julianne. Elle me dit que David craignait que ma vue ne fît une trop vive impression sur ma fille, que son évanouissement, dont elle était revenue, ne présentait rien de très-alarmant, ayant été seulement causé par une grande faiblesse...

ÉPILOGUE.

D'abord une horrible pensée me vint... Je crus... qu'on voulait me cacher quelque grand malheur, ou du moins me préparer à l'apprendre; mais la supérieure me dit : « Je vous l'affirme, monseigneur, la princesse Amélie est hors de danger; un léger cordial que le docteur David lui a fait prendre a ranimé ses forces. »

Je ne pouvais douter de ce que m'affirmait l'abbesse; je la crus, et j'attendis des nouvelles de ma fille avec une douloureuse impatience.

Au bout d'un quart d'heure d'angoisses, David revint... Grâce à Dieu, elle allait mieux... et elle avait voulu continuer sa veillée de prières dans l'église, en consentant seulement à s'agenouiller sur un coussin... Et comme je me révoltais et m'indignais de ce que la supérieure et lui eussent accédé à son désir, ajoutant que je m'y opposais formellement, il me répondit qu'il eût été dangereux de contrarier la volonté de ma fille dans un moment où elle était sous l'influence d'une vive émotion nerveuse, et que d'ailleurs il était convenu avec la princesse Julianne que la pauvre enfant quitterait l'église à l'heure des matines pour prendre un peu de repos et se préparer à la cérémonie.

— Elle est donc maintenant à l'église? lui dis-je.

— Oui, monseigneur... mais avant une demi-heure elle l'aura quittée...

Je me fis aussitôt conduire à notre tribune du nord, d'où l'on domine tout le chœur.

Là, au milieu des ténèbres de cette vaste église, seulement éclairée par la pâle clarté de la lampe du sanctuaire, je la vis... près de la grille... agenouillée, les mains jointes et priant encore avec ferveur.

Moi aussi je m'agenouillai, en pensant à mon enfant.

Trois heures sonnèrent ; deux sœurs assises dans les stalles, qui ne l'avaient pas quittée des yeux, vinrent lui parler bas... Au bout de quelques moments, elle se signa, se releva et traversa le chœur d'un pas assez ferme... et pourtant, mon amie, lorsqu'elle passa sous la lampe, son visage me parut aussi blanc que le long voile qui flottait autour d'elle...

Je sortis aussitôt de la tribune, voulant d'abord aller la rejoindre, mais je craignis qu'une nouvelle émotion l'empêchât de goûter quelques moments de repos... J'envoyai David savoir comment elle se trouvait... il revint me dire qu'elle se sentait mieux et qu'elle allait tâcher de dormir un peu...

Je reste à l'abbaye... pour la cérémonie qui aura lieu ce matin.

Je pense maintenant, mon amie, qu'il est inutile de vous envoyer cette lettre incomplète... Je la terminerai demain, en vous racontant les événements de cette triste journée.

A bientôt donc, mon amie. Je suis brisé de douleur... Plaignez-moi.

Le 13 Janvier.

CHAPITRE DERNIER.

RODOLPHE A CLÉMENCE.

Treize Janvier... anniversaire maintenant doublement sinistre!!!

Mon amie... nous la perdons à jamais!

Tout est fini... tout!

Écoute ce récit :

Il est donc vrai... on éprouve une volupté atroce à raconter une horrible douleur.

Hier je me plaignais du hasard qui vous

retenait loin de moi... aujourd'hui, Clémence, je me félicite de ce que vous n'êtes pas ici, vous souffririez trop...

Ce matin, je sommeillais à peine, j'ai été éveillé par le son des cloches... j'ai tressailli d'effroi... cela m'a semblé funèbre... on eût dit un glas de funérailles.

En effet... ma fille est morte pour nous... morte, entendez-vous... Dès aujourd'hui, Clémence... il vous faut commencer à porter son deuil dans votre cœur, dans votre cœur toujours pour elle si maternel...

Que notre enfant soit ensevelie sous le marbre d'un tombeau ou sous la voûte d'un cloître... pour nous... quelle est la différence?

Dès aujourd'hui, entendez-vous, Clémence... il faut la regarder comme morte... D'ailleurs... elle est d'une si grande faiblesse... sa santé, altérée par tant de chagrins, par

ÉPILOGUE.

tant de secousses, est si chancelante... Pourquoi pas aussi cette autre mort, plus complète encore? La fatalité n'est pas lasse...

Et puis d'ailleurs... d'après ma lettre d'hier... vous devez comprendre que cela serait peut-être plus heureux pour elle... qu'elle fût morte.

Morte... ces cinq lettres ont une physionomie étrange... ne trouvez-vous pas?... quand on les écrit à propos d'une fille idolâtrée... d'une fille si belle... si charmante, d'une bonté si angélique... Dix-huit ans à peine... et morte au monde!...

Au fait... pour nous et pour elle, à quoi bon végéter souffrante dans la morne tranquillité de ce cloître? qu'importe qu'elle vive, si elle est perdue pour nous? Elle doit tant l'aimer, la vie... que la fatalité lui a faite!...

Ce que je dis là est affreux... il y a un égoïsme barbare dans l'amour paternel!...

. . . .

A midi, sa *profession* a eu lieu avec une pompe solennelle.

Caché derrière les rideaux de notre tribune, j'y ai assisté...

J'ai ressenti, mais avec encore plus d'intensité, toutes les poignantes émotions que nous avions éprouvées lors de son noviciat...

Chose bizarre! elle est adorée; on croit généralement qu'elle est attirée vers la vie religieuse par une irrésistible vocation ; on devrait voir dans sa profession un événement heureux pour elle, et, au contraire, une accablante tristesse pesait sur la foule.

Au fond de l'église, parmi le peuple... j'ai vu deux sous-officiers de mes gardes, deux vieux et rudes soldats, baisser la tête et pleurer...

On eût dit qu'il y avait *dans l'air* un douloureux pressentiment... Du moins s'il était fondé, il n'est réalisé qu'à demi...

La profession terminée, on a ramené notre enfant dans la salle du chapitre, où devait avoir lieu la nomination de la nouvelle abbesse...

Grâce à mon privilége souverain, j'allai dans cette salle attendre Fleur-de-Marie au retour du chœur.

Elle entra bientôt...

Son émotion, sa faiblesse étaient si grandes que deux sœurs la soutenaient...

Je fus effrayé, moins encore de sa pâleur et de la profonde altération de ses traits que de l'expression de son sourire... Il me parut empreint d'une sorte de satisfaction sinistre...

Clémence... je vous le dis... peut-être bientôt nous faudra-t-il du courage... bien du courage... *Je sens* pour ainsi dire *en moi* que notre enfant est mortellement frappée...

.....Après tout, sa vie serait si malheureuse...

Voilà deux fois que je me dis, en pensant à la mort possible de ma fille... que cette mort mettrait du moins un terme à sa cruelle existence... Cette pensée est un horrible symptôme... Mais si ce malheur doit nous frapper, il vaut mieux y être préparé, n'est-ce pas, Clémence?

Se préparer à un pareil malheur... c'est en savourer peu à peu et d'avance les lentes angoisses... C'est un raffinement de douleurs inouï... Cela est mille fois plus affreux que le coup qui vous frappe, imprévu... Au moins la stupeur, l'anéantissement vous épargnent une partie de cet atroce déchirement...

Mais les usages de la compassion veulent qu'on vous *prépare*... Probablement je n'agirais pas autrement moi-même, pauvre amie... si j'avais à vous apprendre le funeste événement dont je vous parle... Ainsi épouvantez-vous... si vous remarquez que je vous entretiens d'*elle*... avec des ménagements, des détours d'une tristesse désespérée, après vous avoir annoncé que sa santé ne me donnait pourtant pas de graves inquiétudes.

Oui, épouvantez-vous, si je vous parle comme je vous écris maintenant... car, quoique je l'aie quittée assez calme, il y a une heure pour venir terminer cette lettre, je vous le répète, Clémence, il me semble *ressentir en moi* qu'elle est plus souffrante qu'elle ne le paraît... Fasse le ciel que je me trompe, et que je prenne pour des pressentiments la désespérante tristesse que m'a inspirée cette cérémonie lugubre !

Fleur-de-Marie entra donc dans la grande salle du chapitre.

Toutes les stalles furent successivement occupées par les religieuses.

Elle alla modestement se mettre à la dernière place de la rangée de gauche ; elle s'appuyait sur le bras d'une des sœurs, car elle semblait toujours bien faible.

Au haut bout de la salle, la princesse Julianne était assise, ayant d'un côté la grande-prieure, de l'autre une seconde dignitaire, tenant à la main la crosse d'or, symbole de l'autorité abbatiale.

Il se fit un profond silence, la princesse se leva, prit sa crosse en main, et dit d'une voix grave et émue :

«—Mes chères filles, mon grand âge m'oblige
» de confier à des mains plus jeunes cet em-
» blème de mon pouvoir spirituel—et elle
» montra sa crosse. — J'y suis autorisée par
» une bulle de Notre Saint-Père ; je présen-
» terai donc à la bénédiction de Mgr l'arche-
» vêque d'Oppenheim et à l'approbation de
» S. A. R. le grand-duc, notre souverain, celle
» de vous, mes chères filles, qui par vous

ÉPILOGUE.

» aura été désignée pour me succéder. Notre
» grande-prieure va vous faire connaître le
» résultat de l'élection, et à celle-là que vous
» aurez élue je remettrai ma crosse et mon
» anneau. »

Je ne quittais pas ma fille des yeux.

Debout dans sa stalle, les deux mains jointes sur sa poitrine, les yeux baissés, à demi-enveloppée de son voile blanc et des longs plis traînants de sa robe noire, elle se tenait immobile et pensive, elle n'avait pas un moment supposé qu'on pût l'élire, son élévation n'avait été confiée qu'à moi par l'abbesse.

La grande-prieure prit un registre et lut :

« Chacune de nos chères sœurs ayant été,
» suivant la règle, invitée, il y a huit jours,
» à déposer son vote entre les mains de
» notre sainte mère et à tenir son choix
» secret jusqu'à ce moment ; au nom de
» notre sainte mère, je déclare qu'une de vous,

» mes chères sœurs, a, par sa piété exem-
» plaire, par ses vertus évangéliques, mérité
» le suffrage unanime de la communauté, et
» celle-là est notre sœur Amélie, *de son vivant*
» très-haute et très-puissante princesse de Ge-
» rolstein. »

A ces mots, une sorte de murmure de douce surprise et d'heureuse satisfaction circula dans la salle ; tous les regards des religieuses se fixèrent sur ma fille avec une expression de tendre sympathie ; malgré mes accablantes préoccupations, je fus moi-même vivement ému de cette nomination qui, faite isolément et secrètement, offrait néanmoins une si touchante unanimité.

Fleur-de-Marie, stupéfaite, devint encore plus pâle ; ses genoux tremblaient si fort qu'elle fut obligée de s'appuyer d'une main sur le rebord de la stalle...

L'abbesse reprit d'une voix haute et grave:

« — Mes chères filles, c'est bien sœur Amélie
» que vous croyez la plus digne et la plus mé-
» ritante de vous toutes ? C'est bien elle que
» vous reconnaissez pour votre supérieure spi-
» rituelle ? Que chacune de vous me réponde
» à son tour, mes chères filles. »

Et chaque religieuse répondit à haute voix :

« — Librement et volontairement j'ai choisi
» et je choisis sœur Amélie pour ma sainte
» mère et supérieure. »

Saisie d'une émotion inexprimable, ma pauvre enfant tomba à genoux, joignit les deux mains, et resta ainsi jusqu'à ce que chaque vote fût émis.

Alors l'abbesse, déposant la crosse et l'anneau entre les mains de la grande-prieure, s'avança vers ma fille pour la prendre par la main et la conduire au siége abbatial. . . . .

. . . .

Mon amie, ma tendre amie, je me suis interrompu un moment ; il m'a fallu reprendre courage pour achever de vous raconter cette scène déchirante...

« — Relevez-vous, ma chère fille — lui dit
» l'abbesse — venez prendre la place qui vous
» appartient ; vos vertus évangéliques, et non
» votre rang, vous l'ont gagnée. »

En disant ces mots la vénérable princesse se pencha vers ma fille pour l'aider à se relever.

Fleur-de-Marie fit quelques pas en tremblant, puis arrivant au milieu de la salle du chapitre elle s'arrêta et dit d'une voix dont le calme et la fermeté m'étonnèrent :

« — Pardonnez-moi, sainte mère... je vou-
» drais parler à mes sœurs.

» — Montez d'abord, ma chère fille, sur votre
» siége abbatial — dit la princesse — c'est de

» là que vous devez leur faire entendre votre
» voix...

» — Cette place, sainte mère... ne peut être
» la mienne — répondit Fleur-de-Marie d'une
» voix basse et tremblante.

» — Que dites-vous, ma chère fille?

« — Une si haute dignité n'est pas faite pour
» moi, sainte mère.

« — Mais les vœux de toutes vos sœurs
» vous y appellent.

» — Permettez-moi, sainte mère, de faire
» ici à deux genoux une confession solennelle;
» mes sœurs verront bien, et vous aussi, sainte
» mère, que la condition la plus humble
» n'est pas encore assez humble pour moi.

» — Votre modestie vous abuse, ma chère
» fille, » dit la supérieure avec bonté, croyant
en effet que la malheureuse enfant cédait à

un sentiment de modestie exagérée; mais moi je devinai ces aveux que Fleur-de-Marie allait faire. Saisi d'effroi, je m'écriai d'une voix suppliante :

— Mon enfant... je t'en conjure...

A ces mots... vous dire, mon amie, tout ce que je lus dans le profond regard que Fleur-de-Marie me jeta serait impossible... Ainsi que vous le saurez dans un instant, elle m'avait compris. Oui, elle avait compris que je devais partager la honte de cette horrible révélation... Elle avait compris qu'après de tels aveux on pouvait m'accuser... moi de mensonge... car j'avais toujours dû laisser croire que jamais Fleur-de-Marie n'avait quitté sa mère...

A cette pensée, la pauvre enfant s'était crue coupable envers moi d'une noire ingratitude... Elle n'eut pas la force de continuer, elle se tut et baissa la tête avec accablement...

ÉPILOGUE.

« — Encore une fois, ma chère fille — reprit
» l'abbesse — votre modestie vous trompe...
» l'unanimité du choix de vos sœurs vous
» prouve combien vous êtes digne de me rem-
» placer... Par cela même que vous avez pris
» part aux joies du monde, votre renoncement
» à ces joies n'en est que plus méritant... Ce
» n'est pas S. A. la princesse Amélie qui est élue.
» C'est *sœur Amélie*... Pour nous, votre vie a
» commencé du jour où vous avez mis le pied
» dans la maison du Seigneur... et c'est cette
» exemplaire et sainte vie que nous récom-
» pensons... Je vous dirai plus, ma chère
» fille, avant d'entrer au bercail votre exis-
» tence aurait été aussi égarée qu'elle a été
» au contraire pure et louable... que les vertus
» évangéliques, dont vous nous avez donné
» l'exemple depuis votre séjour ici, expie-
» raient et rachèteraient encore aux yeux du
» Seigneur un passé si coupable qu'il fût...
» D'après cela, ma chère fille, jugez si votre
» modestie doit être rassurée. »

— Ces paroles de l'abbesse furent, comme

vous le pensez, mon amie, d'autant plus précieuses pour Fleur-de-Marie, qu'elle croyait le passé ineffaçable. Malheureusement, cette scène l'avait profondément émue, et, quoiqu'elle affectât du calme et de la fermeté, il me sembla que ses traits s'altéraient d'une manière inquiétante... Par deux fois elle tressaillit en passant sur son front sa pauvre main amaigrie.

« — Je crois vous avoir convaincue, ma
» chère fille — reprit la princesse Julianne —
» et vous ne voudrez pas causer à vos sœurs
» un vif chagrin en refusant cette marque de
» leur confiance et de leur affection.

» — Non, sainte mère — dit-elle avec une
» expression qui me frappa et d'une voix de
» plus en plus faible — je crois *maintenant*
» pouvoir accepter... Mais, comme je me sens
» bien fatiguée et un peu souffrante, si vous
» le permettiez, sainte mère, la cérémonie de
» ma consécration n'aurait lieu que dans quel-
» ques jours...

» — Il sera fait comme vous le désirez, ma
» chère fille... mais, en attendant que votre
» dignité soit bénie et consacrée... prenez cet
» anneau... venez à votre place... nos chères
» sœurs vous rendront hommage selon notre
» règle. »

Et la supérieure, glissant son anneau pastoral au doigt de Fleur-de-Marie, la conduisit au siége abbatial.

Ce fut un spectacle simple et touchant.

Auprès de ce siége où elle s'assit se tenaient, d'un côté, la grande-prieure, portant la crosse d'or; de l'autre, la princesse Julianne. Chaque religieuse alla s'incliner devant notre enfant et lui baiser respectueusement la main.

Je voyais à chaque instant son émotion augmenter, ses traits se décomposer davantage ; enfin cette scène fut sans doute audessus de ses forces... car elle s'évanouit avant que la procession des sœurs fût terminée...

Jugez de mon épouvante!... Nous la transportâmes dans l'appartement de l'abbesse...

David n'avait pas quitté le couvent; il accourut, lui donna les premiers soins. Puisse-t-il ne m'avoir pas trompé! mais il m'a assuré que ce nouvel accident n'avait pour cause qu'une extrême faiblesse causée par le jeûne, les fatigues et la privation de sommeil que ma fille s'était imposés pendant son rude et long noviciat...

Je l'ai cru, parce qu'en effet ses traits angéliques, quoique d'une effrayante pâleur, ne trahissaient aucune souffrance lorsqu'elle reprit connaissance... Je fus même frappé de la sérénité qui rayonnait sur son beau front. De nouveau cette quiétude m'effraya : il me sembla qu'elle cachait le secret espoir d'une délivrance prochaine...

La supérieure étant retournée au chapitre pour clore la séance, je restai seul avec ma fille.

Après m'avoir regardé en silence pendant quelques moments, elle me dit:

— Mon bon père... pourrez-vous oublier mon ingratitude? Pourrez-vous oublier qu'au moment où j'allais faire cette pénible confession, vous m'avez demandé grâce...

— Tais-toi... je t'en supplie...

— Et je n'avais pas songé — reprit-elle avec amertume — qu'en disant à la face de tous de quel abîme de dépravation vous m'aviez retirée... c'était révéler un secret que vous aviez gardé par tendresse pour moi... c'était vous accuser publiquement, vous, mon père, d'une dissimulation à laquelle vous ne vous étiez résigné que pour m'assurer une vie éclatante et honorée... Oh! pourrez-vous me pardonner?

Au lieu de lui répondre, je collai mes lèvres sur son front, elle sentit couler mes larmes...

Après avoir baisé mes mains à plusieurs reprises, elle me dit :

— Maintenant je me sens mieux, mon bon père... maintenant que me voici, ainsi que le dit notre règle, morte au monde... je voudrais faire quelques dispositions en faveur de plusieurs personnes... mais comme tout ce que je possède est à vous... m'y autorisez-vous, mon bon père?...

— Peux-tu en douter?... mais, je t'en supplie — lui dis-je — n'aie pas de ces pensées sinistres... Plus tard tu t'occuperas de ce soin... n'as-tu pas le temps...

— Sans doute, mon bon père, j'ai encore bien du temps à vivre — ajouta-t-elle avec un accent qui, je ne sais pourquoi, me fit de nouveau tressaillir. Je la regardai plus attentivement, aucun changement dans ses traits ne justifia mon inquiétude. — Oui, j'ai encore bien du temps à vivre, reprit-elle — mais je ne devrai plus m'occuper des choses terrestres... car aujourd'hui je renonce à tout ce qui m'attache au monde... Je vous en prie, ne me refusez pas...

— Ordonne... je ferai ce que tu désires...

— Je voudrais que ma tendre mère gardât toujours dans le petit salon où elle se tient habituellement... mon métier à broder... avec la tapisserie que j'avais commencée...

— Tes désirs seront remplis, mon enfant. Ton appartement est resté comme il était le jour où tu as quitté le palais ; car tout ce qui t'a appartenu est pour nous l'objet d'un culte religieux... Clémence sera profondément touchée de ta pensée...

— Quant à vous, mon bon père, prenez, je vous en prie, mon grand fauteuil d'ébène, où j'ai tant pensé, tant rêvé...

— Il sera placé à côté du mien, dans mon cabinet de travail, et je t'y verrai, chaque jour assise près de moi, comme tu t'y asseyais si souvent — lui dis-je sans pouvoir retenir mes larmes.

— Maintenant je voudrais laisser quelques souvenirs de moi à ceux qui m'ont témoigné tant d'intérêt quand j'étais malheureuse. A madame Georges, je voudrais donner l'écritoire dont je me servais dernièrement. Ce don aura quelque à-propos — ajouta-t-elle avec son doux sourire — car c'est elle qui, à la ferme, a commencé de m'apprendre à écrire. Quant au vénérable curé de Bouqueval, qui m'a instruite dans la religion, je lui destine le beau christ de mon oratoire...

— Bien, mon enfant.

— Je désirerais aussi envoyer mon bandeau de perles à ma bonne petite Rigolette... C'est un bijou simple qu'elle pourra porter sur ses beaux cheveux noirs... et puis, si cela était possible, puisque vous savez où se trouvent Martial et la Louve en Algérie, je voudrais que cette courageuse femme qui m'a sauvé la vie... eût ma croix d'or émaillée... Ces différents gages de souvenir, mon bon père, seraient remis à ceux à qui je les envoie, *de la part de Fleur-de-Marie.*

— J'exécuterai tes volontés... tu n'oublies personne?...

— Je ne crois pas... mon bon père.

— Cherche bien... parmi ceux qui t'aiment... n'y a-t-il pas quelqu'un de bien malheureux? d'aussi malheureux que ta mère... et moi... quelqu'un enfin qui regrette aussi douloureusement que nous ton entrée au couvent?

La pauvre enfant me comprit, me serra la main, une légère rougeur colora un instant son pâle visage.

Allant au-devant d'une question qu'elle craignait sans doute de me faire, je lui dis :

— Il va mieux... on ne craint plus pour ses jours...

— Et son père?

— Il se ressent de l'amélioration de la santé de son fils... il va mieux aussi... Et à Henri... que lui donnes-tu?... Un souvenir de toi... lui serait une consolation si chère et si précieuse...

— Mon père... offrez-lui mon prie-Dieu... Hélas! je l'ai bien souvent arrosé de mes larmes, en demandant au ciel la force d'oublier Henri, puisque j'étais indigne de son amour...

Combien il sera heureux de voir que tu as eu une pensée pour lui...

— Quant à la maison d'asile pour les orphelines et les jeunes filles abandonnées de leurs parents, je désirerais, mon bon père, que...

. . . .

ÉPILOGUE.

Ici la lettre de Rodolphe était interrompue par ces mots presque illisibles.

— Clémence... Murph terminera cette lettre... je n'ai plus la tête à moi, je suis fou... Ah ! le 13 JANVIER !!!

. . . .

La fin de cette lettre, de l'écriture de Murph, était ainsi conçue :

Madame,

D'après les ordres de Son Altesse Royale, je complète ce triste récit. Les deux lettres de monseigneur auront dû préparer Votre Altesse Royale à l'accablante nouvelle qu'il me reste à lui apprendre.

Il y a trois heures, monseigneur était occupé à écrire à Votre Altesse Royale ; j'attendais dans une pièce voisine qu'il me remît la lettre pour l'expédier aussitôt par un courrier. Tout à coup j'ai vu entrer la princesse Julianne d'un air consterné. — Où est Son Altesse Royale ? — me dit-elle d'une voix émue. — Princesse, monseigneur écrit à madame la grande-duchesse des nouvelles de la journée. — Sir Walter, il faut apprendre à monseigneur... un événement terrible... Vous êtes son ami... veuillez l'en instruire... De vous ce coup lui sera moins terrible...

Je compris tout ; je crus plus prudent de me charger de cette funeste révélation... la supérieure ayant ajouté que la princesse Amélie s'éteignait lentement, et que monseigneur devait se hâter de venir recevoir les derniers soupirs de sa fille. Je n'avais malheureusement pas le temps d'employer des ménagements. J'entrai dans le salon, Son Altesse Royale s'aperçut de ma pâleur. — Tu viens m'apprendre un malheur !.. — Un irréparable malheur, monseigneur... du courage !.. — Ah !.. mes pressentiments !!.. — s'écria-t-il — et sans ajouter un mot, il courut au cloître. Je le suivis.

ÉPILOGUE.

De l'appartement de la supérieure, la princesse Amélie avait été transportée dans sa cellule après sa dernière entrevue avec monseigneur. Une des sœurs la veillait; au bout d'une heure, elle s'aperçut que la voix de la princesse Amélie, qui lui parlait par intervalles, s'affaiblissait et s'oppressait de plus en plus. La sœur s'empressa d'aller prévenir la supérieure. Le docteur David fut appelé; il crut remédier à cette nouvelle perte de forces par un cordial, mais en vain; le pouls était à peine sensible... Il reconnut avec désespoir que des émotions réitérées ayant probablement usé le peu de forces de la princesse Amélie, il ne restait aucun espoir de la sauver.

Ce fut alors que monseigneur arriva; la princesse Amélie venait de recevoir les derniers sacrements, une lueur de connaissance lui restait encore; dans une de ses mains croisées sur son sein elle tenait les *débris de son petit rosier.*

Monseigneur tomba agenouillé à son chevet ; il sanglotait.

— Ma fille !... mon enfant chéri !... — s'écria-t-il d'une voix déchirante.

La princesse Amélie l'entendit, tourna légèrement la tête vers lui, ouvrit les yeux... tâcha de sourire et dit d'une voix défaillante :

— Mon bon père... pardon... aussi à Henri... à ma bonne mère... pardon...

Ce furent ses derniers mots...

Après une heure d'une agonie pour ainsi dire paisible.... elle rendit son âme à Dieu....

Lorsque sa fille eut rendu le dernier soupir, monseigneur ne dit pas un mot... son calme et son silence étaient effrayants... il ferma les paupières de la princesse, la baisa plusieurs fois au front, prit pieusement les débris du petit rosier et sortit de la cellule.

Je le suivis; il revint dans la maison extérieure du cloître, et, me montrant la lettre qu'il avait commencé d'écrire à Votre Altesse Royale, et à laquelle il voulut en vain ajouter quelques mots, car sa main tremblait convulsivement, il me dit :

— Il m'est impossible d'écrire... Je suis anéanti... ma tête se perd !... Écris à la grande-duchesse que je n'ai plus de fille !...

J'ai exécuté les ordres de monseigneur.

Qu'il me soit permis, comme à son plus vieux serviteur, de supplier Votre Altesse Royale de hâter son retour... autant que la santé de M. le comte d'Orbigny le permettra... La présence seule de Votre Altesse Royale pourrait calmer le désespoir de monseigneur... Il veut chaque nuit veiller sa fille jusqu'au jour où elle sera ensevelie dans la chapelle grand-ducale.

J'ai accompli ma triste tâche, madame ; veuillez excuser l'incohérence de cette lettre...

et recevoir l'expression du respectueux dévouement avec lequel j'ai l'honneur d'être, de Votre Altesse Royale,

Le très-obéissant serviteur,
Walter Murph.

. . . .

La veille du service funèbre de la princesse Amélie, Clémence arriva à Gerolstein avec son père.

Rodolphe ne fut pas seul le jour des funérailles de Fleur-de-Marie.

FIN DE L'ÉPILOGUE.

A M. LE RÉDACTEUR EN CHEF
DU JOURNAL DES DÉBATS.

Monsieur,

Les *Mystères de Paris* sont terminés ; permettez-moi de venir publiquement vous remercier d'avoir bien voulu prêter à cette œuvre, malheureusement aussi imparfaite qu'incomplète, la grande et puissante publicité du *Journal des Débats* ; ma reconnaissance est d'autant plus vive, monsieur, que plusieurs des idées émises dans cet ouvrage différaient essentiellement de celles que vous soutenez avec autant d'énergie que de talent, et qu'il est rare de rencontrer la courageuse et loyale impartialité dont vous avez fait preuve à mon égard.

J'invoquerai encore une fois cette impartialité, monsieur, pour vous dire quelques mots en faveur d'une modeste publication, fondée et *exclusivement rédigée par des ouvriers,* sous le titre de LA RUCHE POPULAIRE. Quelques artisans honnêtes et éclairés ont élevé cette tribune populaire, où ils exposent leurs réclamations avec autant de convenance que de modération. (Je citerai entre autres une lettre aussi touchante que respectueuse, adressée au Roi par M. Duquesne, ouvrier imprimeur.) *L'organisation du travail, la limitation de la concurrence, le tarif des salaires* y sont traités par les ouvriers eux-mêmes, et, à cet égard, leur voix mérite, ce me semble, d'être attentivement écoutée par tous ceux qui s'occupent des affaires publiques.

Mais malheureusement il se passera peut-être bien des années encore avant que ces grandes questions d'un intérêt si vital pour les masses soient résolues. En attendant, chaque jour amène et dévoile de nouvelles misères, de nouvelles souffrances individuelles : les fondateurs de *la Ruche* ont espéré qu'en faisant chaque mois un appel en faveur des plus malheureux de leurs frères, ils seraient peut-être écoutés des heureux du monde.

Permettez-moi, monsieur, de vous citer la première page de *la Ruche populaire :*

La Ruche populaire.

> « Secourir d'honorables infortunes qui se plai-
> »gnent, c'est bien. S'enquérir de ceux qui luttent
> »avec honneur, avec énergie, et leur venir en
> »aide, quelquefois à leur insu... prévenir à temps
> »la misère ou les tentations qui mènent au cri-
> »me... c'est mieux. »
>
> (RODOLPHE, dans les *Mystères de Paris*.)

« Si, dans notre conviction, le peuple ne peut être délivré ou secouru avec efficacité que par des mesures législativement prévoyantes, ce n'est pas pour nous une raison de méconnaître ou de repousser aveuglément les dons offerts avec délicatesse.

» Le rôle que M. Eugène Süe fait remplir à Rodolphe dans *les Mystères de Paris* nous ayant inspiré l'idée de nous enquérir de familles honnêtes et malheureuses, et qui, à ces titres, sont dignes de l'évangélique fraternité, nous faisons à l'humanité des personnes riches un pieux appel : car un bienfait suffit quelquefois à détourner le malheur, à sauver de la misère, du désespoir, du crime peut-être, une famille dépourvue de tout... Et puis les aumônes dégradent... Ce que nous conseillerons principalement, sera de procurer du travail ou quelques places rétribuées suffisamment, enfin tout ce qui peut mettre au-dessus de la terrible nécessité !

» Nous avons à soulager plusieurs familles intéressantes et dans la détresse : les bienfaiteurs peuvent s'adresser au bureau de ce journal, où on leur confiera les adresses, pour qu'ils puissent aller eux-mêmes administrer leurs dons.

» Nous citerons entre autres une famille composée du père, de la mère et de quatre enfants, dont le plus âgé a six ans; ils ont vainement sollicité des emplois qui leur permissent de vivre, mais qu'ils n'ont pas obtenus pour le motif même qui devrait exciter le plus touchant intérêt : *parce qu'ils avaient une nombreuse famille...*

» Une autre de ces familles vient de perdre son chef, honnête ouvrier peintre, qui, en travaillant, est tombé d'un quatrième étage. Il laisse une femme enceinte et plusieurs enfants en bas âge dans la plus profonde douleur et le plus grand dénûment. »

C'est avec bonheur, je vous l'avoue, monsieur, que j'ai cité cette page, où mon nom est inscrit d'une manière si flatteuse; car je me regarderai toujours comme récompensé au delà de toute espérance chaque fois que je croirai avoir inspiré, par mes écrits, quelque action généreuse ou quelque pensée charitable, et l'idée mise en pratique par les fondateurs de *la Ruche populaire* me semble de ce nombre.

Ainsi, les personnes riches qui voudraient s'abonner à ce journal mensuel (6 francs par an, au bureau de *la Ruche*, rue des Quatre-Fils, n° 17, au Marais) seraient chaque mois instruites de quelque infortune respectable qu'il leur serait peut-être doux de soulager; car, disons-le hautement, il y a généralement en France beaucoup de commisération pour ceux qui souffrent; mais bien souvent l'occasion manque pour exercer la charité d'une façon profitable au cœur, et, si cela peut se dire, *intéressante*. Sous ce rapport, *la Ruche populaire* offrirait de précieux renseignements aux âmes d'élite qui recherchent les pures et nobles jouissances.

Un dernier mot, monsieur.

Comme vous avez été de moitié dans mon œuvre par l'immense publicité que vous lui avez donnée, je crois pouvoir vous instruire d'un résultat dont vous vous féliciterez, je l'espère, avec moi. On m'écrit de Bordeaux et de Lyon que plusieurs personnes riches et compatissantes s'occupent de réaliser, dans ces deux villes, mon projet d'une Banque de *prêts gratuits pour les travailleurs sans ouvrage*, et quelqu'un qui fait ici l'usage le plus généreux et le plus éclairé d'une immense fortune, m'a donné, au sujet d'une fondation pareille pour Paris, les plus encourageantes espérances.

Souhaitons maintenant, monsieur, qu'un législateur véritablement ami du peuple prenne en main les questions relatives :

A l'établissement d'avocats des pauvres ;

A l'abaissement du taux exorbitant de l'intérêt prélevé par le Mont-de Piété ;

A la tutelle préservatrice exercée par l'Etat sur les enfants des suppliciés et des condamnés à perpétuité ;

A la réforme du Code pénal à l'endroit des abus de confiance;

Et peut-être ce livre, attaqué récemment encore avec tant d'amertume et de violence, aura du moins produit quelques bons résultats.

Veuillez encore agréer, monsieur, l'expression de ma vive gratitude et l'assurance de mes sentiments les plus dévoués.

EUGÈNE SUE.

Paris, ce 15 octobre 1843.

MYSTÈRES DE PARIS,

PAR

Madame Fanny Denoix.

> J'ai vu passer un aigle, et j'ai voulu le suivre.

A M. EUGÈNE SUE.

Puisque vous le permettez, monsieur, je viens aussi vous payer mon tribut de sympathie et mêler aux brillantes couronnes qui vous sont offertes une simple guirlande des fleurs de mes vallons. Cette guirlande, sans doute trop modeste, j'aurais voulu la parer d'un éclat digne de vous, mais quelle difficulté! Puis voici peut-être une excuse.

Moi aussi, sous mon toit isolé, je lisais *les Mystères de Paris* dans le *Journal des Débats*, et, vivement assaillie par les impressions qu'ils font naître, je m'épanchais sur le papier avec tout l'abandon, toute la témérité d'une fille des champs, sans pouvoir deviner quel serait le sujet du lendemain, sans prévoir le but immense que vous vous étiez proposé, sans jamais songer à la publicité si flatteuse et si honorable qui m'était réservée.

Aujourd'hui je m'effraye de mon imprudence; aujourd'hui je serais presque tentée de reculer devant vous, monsieur, et devant l'écueil de la critique. Reculer! pour une femme de Beauvais, de cette fière cité de Jeanne Hachette, serait-ce possible?

Enfin, monsieur, vous possédez toute l'indulgence de la supériorité, et je me rassure : j'ose même, auprès de vous, ne pas redouter la sévérité du monde. Oui, je sens que vous m'accueillerez, que vous me pardonnerez jusqu'aux irrévérences de ma brusque sauvagerie, jusqu'aux ronces dont j'ai parsemé les fleurs qui croissent sous vos pas. Oui, je me réjouis sans crainte de suivre encore votre course de géant, de me voir attachée à votre char de triomphe, et d'inscrire mon nom sous votre beau nom.

Ici mon cœur se fond dans un long merci. Vous, monsieur, volez de gloire en gloire ; vous, soyez le roi de vos rivaux, soyez l'élu du bonheur !

Moi, je n'ai plus rien à souhaiter ; je suspends ma lyre aux lauriers qui bordent votre route, heureuse de vivre, à la faveur de votre renommée, dans un monde où vous ne pouvez jamais mourir !

Fanny DENOIX.

Beauvais, 25 octobre 1843.

MYSTÈRES DE PARIS.

PREMIÈRE, DEUXIÈME ET TROISIÈME PARTIES.

I.

Grâce, roi du roman, d'une telle torture!
Laisse-nous admirer notre belle nature
Et cheminer en paix sur nos sentiers de fleurs;
A l'honneur, aux vertus, à Dieu laisse-nous croire,
Et causer sans remords ou d'amour ou de gloire
    Avec des frères de nos cœurs.

Pour nous, qu'un long espoir ici-bas accompagne,
Oui, nous avons horreur de ces héros du bagne,
De ces femmes sans nom qui ne sont plus nos sœurs.
Éloigne par pitié ces peintures obscènes,
Ce ténébreux argot, ces dégoûtantes scènes,
    Ces larges tissus de noirceurs.

Ferme le *Cœur-Saignant,* le bouge de l'*Ogresse,*
Où ton *Maître d'école,* où ta vile *Borgnesse*
Se repaissent de fange et préparent leurs coups;
Chasse ton *Chourineur* à la vertu barbare,
Et même ta *Goualeuse,* ange déchu que pare
    Un prestige encore si doux!

Détourne nos regards de cette rue aux Fèves,
De ces monstres si laids qu'on les prend pour des rêves;
Déjà trop de tourments à nos cœurs sont offerts.
Quitte des réprouvés, quitte la horde immonde;
Et pour que leur contact ne souille plus le monde,
    Replonge-les dans les enfers!

O mon Dieu! que j'ai peur dans ton lugubre empire!
Sous la main des brigands il semble que j'expire:
Puis des excès d'effroi viennent me ranimer;
Et je crie au secours, au meurtre, à la vengeance,
Afin que le bourreau te prenne cette engeance
    Que je ne sais comment nommer!

Mais dans nos sens troublés quel prodige s'opère!
Échapper à ton joug! c'est en vain qu'on l'espère;
Plus on cherche à te fuir, moins on peut te quitter.
Tout dangereux qu'il est, ton philtre nous enivre;
Ton aspect nous fascine, et nous force à te suivre
    Où ton charme nous veut porter.

PAR MADAME F. DENOIX.

Auprès de toi sait-on ce que le cœur éprouve ?
Dans l'abîme on se perd, au ciel on se retrouve ;
Tour à tour on maudit, on reprend son essor :
On ressemble à l'enfant consterné d'épouvante
Qui veut rompre le fil d'une histoire sanglante,
    Et qui la redemande encor.

A ta muse divine, à ton génie étrange,
On te croit un démon, on te prend pour un ange,
Pour l'apôtre du vrai, pour l'esprit des erreurs.
Tu prêtes mille appas aux plus bizarres choses ;
Tu sèmes des gazons, des parfums et des roses
    Dans un réceptacle d'horreurs !

Avec toi l'on dirait qu'on gagne le délire,
Qu'on frémit de bonheur, ou bien de Déjanire
Il semble qu'on revêt la tunique de feu.
Par toi, ce que l'on hait, il faut soudain qu'on l'aim
Il faut en souriant embrasser ton système,
    Et du vice se faire un Dieu !

C'en est fait : sous ton joug nous abaissons nos têtes ;
En foule nous courons à tes sanglantes fêtes ;
Pour la fange et le meurtre, oui, nous nous enflammons :
Oui, nous quittons les fleurs, les oiseaux, la vallée,
La brise, le soleil et la nuit étoilée
    Pour le commerce des démons.

Est-ce toi qui creusas leur ténébreux repaire?
De l'ignoble cohorte es-tu vraiment le père?
N'est-elle pas plutôt fille de Belzébuth?
Mais si c'est notre Dieu qui veut, dans sa colère,
La mêler aux fléaux qui peuplent notre sphère;
      O mon Dieu! quel serait ton but?

Avec elle tu vois que le mauvais est pire,
Et qu'elle corrompt l'air que le juste respire,
Sans nul profit, hélas! pour ta gloire, Seigneur!
Dieu, vengeur des forfaits, que ton courroux s'élève;
Ouvre-lui le néant, fauche-la sous le glaive
      De l'archange exterminateur!

Eugène! tes bandits, si Dieu les laisse vivre,
Si l'humaine justice est lente à les poursuivre,
Toi, déchaîne sur eux les chiens de *Bouqueval* ;
Entrave leur chemin, déchire leur mystère :
Que l'onde et le soleil, que le ciel et la terre
      Manquent à ces esprits du mal!

Mais ces monstres hideux, que ton bras les immole!
Mort à ce *Tortillard*, à ce *Maître d'école*,
Que sans pâlir d'effroi l'on ne peut regarder;
Pour en purger la terre, oh! que rien ne t'arrête :
Dans l'horreur qui m'anime, à leur briser la tête,
      Je crois... que je saurais t'aider!

Quelle rage surtout m'inspire ta *Borgnesse!*
Si tu dois l'épargner, livre-moi la tigresse :
Regarde donc! j'ai pris ses penchants inhumains !
Tiens, il faut pour venger la pauvre *Pégriotte,*
Et que je la maudisse et que je la garrotte,
    Que je l'étrangle de mes mains !

Protège ce bon *Murph* à l'honneur si fidèle,
Rodolphe, de nos cœurs l'amour et le modèle ;
Que sur leur noble front s'émoussent tous les coups !
Arrache ta *Goualeuse* au serpent qui la guette,
Aux rustres d'*Arnouville,* aux mains de la *Chouette ;*
    Je te le demande à genoux !

Sur la berge où l'attend la race criminelle,
Que l'ange du salut la couvre de son aile !
Ils l'ont prise !... au secours ! Mon Dieu ! leur vitriol
Va la défigurer !... Eugène ! je t'en prie,
Que *Rodolphe,* que *Murph,* pour nous rendre Marie,
    Des autans devancent le vol !

Faut-il, quand tu la fais si belle, si sublime,
Que toujours des méchants elle soit la victime ?
Devant nos cœurs épris ne la torture plus ;
Dis-lui son rang... Mais non ; la vie est trop amère ;
Cache-la dans le ciel et donne-lui pour mère
    La tendre mère de Jésus !

Après avoir long-temps martyrisé notre âme,
Eteint de l'espérance ou ranimé la flamme,
Où vas-tu promener nos esprits soucieux ?
Sous un dôme de fleurs ? dans l'antre du carnage
Sous l'aile du zéphyr, sous les coups de l'orage ?
     Dans les enfers ou dans les cieux ?

Puisses-tu, désertant la région des crimes,
Transporter ton génie aux plus superbes cimes
Et fixer dans les airs ton front resplendissant !
Pour hanter les forçats, ta muse est trop altière.
Mais, contre nos souhaits, tu poursuis ta carrière
     Dans les complots et dans le sang !

Des forfaits si ta main ne tarit point la source,
Où donc s'arrêtera ton intrépide course ?
Au milieu des brigands vas-tu river nos pas ?
Si tu devais encor livrer à leur furie
Ou ton noble *Rodolphe* ou ta *Fleur-de-Marie,*
     Oh ! de grâce, n'achève ps !

QUATRIÈME, CINQUIÈME ET SIXIÈME PARTIES.

II.

Mais poursuis. Tu n'as point épuisé nos courages;
Encore des terreurs, encore des orages!
Là, payons à d'*Harville* un tribut de douleurs;
Déplorons son hymen, sa vertu chancelante,
Ses dégoûts somptueux, sa misère opulente,
  Ses ennuis couronnés de fleurs!

Là, quels sombres tableaux! là, quel regard supporte
Et la vieille idiote, et la petite morte,
Et ces enfants minés par la faim, les hivers,
Et ce pauvre *Morel*, et ces recors farouches!
Dans ce riche Paris, vanté par tant de bouches,
  Est-il de semblables revers?

Loin d'acheter si cher une vaine allégresse,
De notre superflu nourrissons la détresse.
Oui, les afflictions que l'on peut soulager
Répandent sur le cœur une ivresse plus pure
Que le stérile éclat d'une vaine parure,
    Qu'un hommage trop passager.

Rodolphe, sois béni pour tes bienfaits sans nombre!
Rigolette, pour toi que le ciel n'ait point d'ombre!
Mais pourquoi ce baiser qui rompt entre nos mains
Une divine erreur?... Rodolphe, ce messie
De tant d'infortunés, faut-il qu'il s'associe
    A la faiblesse des humains!

Anges de charité, vite, volez au *Temple!*
Pour la famille en proie à des maux sans exemple,
Vite, des vêtements, du pain, de la chaleur!
Tous deux, pour la sauver, rivalisez de zèle,
Et que chacun des pas que vous ferez pour elle
    Vous soit un pas vers le bonheur!

D'où nous viennent encor ces étranges visages,
Altérés de complots, affamés de ravages?
Que de monstres divers le poète combat!
Sous nos yeux étonnés quelle foule il rassemble!
Pour contenir ce monde il faudrait, ce me semble,
    Tout le vallon de Josaphat.

Arrière ce *Ferrand*, sa noire hypocrisie!
Mais *Louise*, mon Dieu! pourquoi l'avoir choisie
Pour l'innocent objet de ces vastes douleurs?
Quelle fatalité la pousse, l'accompagne!
Faut-il que de *Marie* elle soit la compagne
    Et d'opprobres et de malheurs!

Eugène! que de maux ton caprice amoncelle!
Méchant! comme ta main nous presse, nous harcelle!
Tu veux donc que les bons soient toujours opprimés!
Et pourquoi ces langueurs qui rompent ta magie,
Qui semblent trop souvent frapper de léthargie
    Nos esprits si long-temps charmés?

Assez de *Pipelet*, assez d'*Anastasie*,
De stériles propos, de sotte jalousie,
De *Robert*, de *Sarah*, de *dame Séraphin*;
Assez de *Barbillon*, assez d'écume humaine :
A suivre tes bandits vraiment je perds haleine;
    Tout mon courage est à sa fin!

Fleur-de-Marie! ô joie! enfin je la retrouve!
Mais close à *Saint-Lazare*, en face de la *Louve!*
Barbare! cette enfant, ton plus riche trésor,
Qu'aux fleurs de *Bouqueval* tu donnas pour compagne,
Aux filles de la honte, aux vétérans du bagne,
    Devais-tu la jeter encor?

Là combien son aspect exerce de puissance!
Près d'elle on y respire un parfum d'innocence,
On y veut des vertus reprendre les chemins :
Là, chacun la voyant si calme, si parfaite,
Et s'étonne et te dit que Dieu ne l'a pas faite
    Pour habiter chez les humains.

III.

J'aime ton utopie et ta haute morale,
Eugène ; mais pourquoi cette lutte idéale ?
Tu prétends, insensé, corriger les méchants !
Va plutôt demander l'existence à la tombe,
Changer la fange en or, le serpent en colombe,
    Du tigre adoucir les penchants !

Pour céder au devoir, pour délivrer la terre,
Laisse donc à Thémis son glaive salutaire.
Au crime que nos lois ne fassent point défaut.
Montrons-nous vigilants, montrons-nous implacables ;
Sans crainte, sans pitié pour les têtes coupables,
    Qu'elles roulent sur l'échafaud !

Abîmez-vous, esquifs, qui voguez vers cette île
De forfaits ignorés trop déplorable asile !
Fuyez, ô *débardeurs, ravageurs, déchireurs !*
Veuve du condamné, méchante *Calebasse*,
Féroce *Nicolas*, cœurs de boue et de glace,
    Dieu ! que vous m'inspirez d'horreurs !

Cette nuit où l'autan pleure dans le feuillage,
Où l'ombre de vos morts se dresse sur la plage,
Où de vous l'éternel est prêt à se venger,
Martial, vils amants de vice, de rapine,
Votre tendre *François*, votre pure *Amandine*,
    Oseriez-vous les égorger?

Mère atroce, ton fils, qui ne l'est point par l'âme,
S'éteindra-t-il cloué dans cette chambre infâme?
Oh! pitié! que tes sens se laissent émouvoir!
Pitié pour cette faim, pour ces mains déchirées,
Pour ces mornes élans, pour ces plaintes murées,
    Pour ce lugubre désespoir!

Irons-nous de *Micou* visiter le repaire?
Là se groupent encor la fraude, la misère!
De Fermont, avec vous je me sens dépérir!
Pauvre enfant! pauvre mère! innocentes victimes
De l'horrible *Ferrand!* le Dieu vengeur des crimes
    Pourrait-il vous laisser mourir?

Quoi! pour un *Saint-Remy*, quoi! dédaigneuse femme,
Tu ravales ton nom, tu dégrades ton âme!
D'où te vient, *Lucenay*, cette coupable ardeur?
Vois comme à tes attraits notre cœur est rebelle!
Est-ce que l'on est bonne, est-ce que l'on est belle
    Hors des sentiers de la pudeur?

Est-ce toi, *Lucenay*, quand le besoin le presse,
Qui ramènes l'espoir au seuil de sa détresse,
Qui sauves de ton or son orgueil abattu !
Gloire à ce dévoûment qui jamais ne s'énerve,
A ce noble débris qu'une femme conserve
      Des naufrages de la vertu !

Vieux *Saint-Remy*, mon cœur soupire sur sa trace :
Chez ton indigne fils, que de ruse et d'audace !
Serait-on à la fois et si lâche et si fort ?
Déchu de sa splendeur, entaché d'infamie,
En présence d'un père, en face d'une amie,
      Ose-t-on redouter la mort ?

Eugène, nos accents blâment ton utopie,
Ta foi, ton espérance et ta philanthropie.
Pourquoi nous entraîner dans un monde fictif,
Pourquoi nous éblouir d'un rêve de civisme,
Dans ces temps où les cœurs, tout pétris d'égoïsme,
      N'ont pour Dieu que le positif ?

Moins de sophisme et plus d'exemples salutaires.
Du mal, sans te lasser, découvre les mystères ;
Toi, deviens le sauveur de notre humanité !
Mets le fer et la flamme au cancer qui la ronge,
Et que nous te devions le réveil du beau songe
      De la perfectibilité !

N'importe ; quel que soit le sens de ton langage,
Sous ton fier étendard le monde entier s'engage ;
C'est à qui goûtera ton prestige vainqueur.
Sans toi l'espoir nous quitte et l'ennui nous domine ;
Le soleil manque au jour, l'air manque à la poitrine,
Les battements à notre cœur !.

SEPTIÈME PARTIE.

IV.

Mais quel nouveau péril atteint *Fleur-de-Marie?*
Ils n'ont donc pas sur elle usé leur barbarie,
Ce père trop cruel, ces destins trop ingrats!
A quoi bon la ravir mille fois à la tombe,
Pour vouloir que toujours notre idole retombe
      Dans le piége des scélérats!

Quels cris! ne sont-ce pas les démons qui rugissent?
Ce sont les *Martial* qui contre elle s'unissent;
C'est la haine et le sang, c'est le *bachot* fatal!...
De son meurtre, ô soleil, n'éclaire pas la scène;
Portez notre Marie, ô vagues de la Seine,
      Sur les gazons de *Bouqueval!*

Pour l'affreux *Nicolas,* l'ignoble *Calebasse,*
L'indigne *Séraphin,* la mère au cœur de glace,
Fleuve, ouvre ton abîme ! Il est sourd à ma voix ;
Il nous prend cet objet que notre cœur adore !
O ciel !.. Mais, sur le flot qui déjà la dévore,
      Est-ce un fantôme que je vois ?

Est-ce un héros de meurtre ou de piraterie,
Ou l'ange de la mort qui vient chercher *Marie ?*
La *Louve* comme un Dieu, bravant les flots jaloux,
La dispute au trépas ! La *Louve !* oh ! oui, je t'aime !
Ici de ton passé tu reçois le baptême ;
      Je me prosterne à tes genoux !

Ravive son beau front qui bleuit et s'incline ;
Verse en elle l'ardeur de ta mâle poitrine :
Elle a guéri ton âme, acquitte ses bienfaits.
Bonne *Louve !* retiens sa fugitive haleine ;
Puis à ce Dieu plus fort que toute force humaine,
      Offre tes pleurs et tes souhaits.

Épuise les efforts, les larmes, la tendresse ;
Mais écoute ! on t'appelle, on se meurt ; l'heure presse :
Cours ! De ton bras nerveux, de ton ongle rongeur,
Pour sauver ton amant, romps le fer et la pierre ;
Puis vole dénoncer à la nature entière
      L'île atroce du *Ravageur !*

Encore un nouveau meurtre, encore la *Chouette!*
Otez-la pour jamais de ma vue inquiète;
De *Fourline* elle tient le couteau menaçant!...
Sarah! dans les transports de ta royale attente,
Avais-tu pressenti que sa main dégoûtante
      Dût se repaître de ton sang?

La *Chouette!* viens voir l'ivresse qui m'anime,
A l'heure où *Tortillard* te plonge dans l'abîme!
Du petit monstre entends le langage moqueur!
Expie en ce tombeau tes exécrables œuvres;
Que les rats affamés, les livides couleuvres,
      Te mangent lentement le cœur!

Puisse de tes tourments ne point tarir la source!
Puisse, devant tes maux, l'heure oublier sa course!
Qu'un long remords te presse entre ses bras de fer!
Que la faim, la terreur te rongent les entrailles;
Expire mille fois dans ces noires murailles,
      Puis va revivre dans l'enfer!

Mais entre la *Chouette* et le *Maître d'école*
Avec quelle furie on s'étreint, on s'immole!
Courage, homme de sang, redouble ton effort:
Que ta main la déchire et que ta dent la broie;
Brave son cri de grâce, et deviens fou de joie
      Au bruit de son râle de mort!

Pour nous calmer, Eugène, offre-nous ces misères,
Que ton noble *Rodolphe* a faites moins amères,
Et ces *prêts gratuits au pauvre travailleur
Sans ouvrage,* sans pain !.. Mais là tu nous affliges :
Ce peuple trop pervers, d'où vient que tu négliges
  Le soin de le rendre meilleur ?

De l'ouvrage, mon Dieu ! mais la France en est pleine :
Plus de gens sous nos toits, plus de bras dans la plaine ;
Le peuple aime bien mieux hurler au carrefour !
Ce peuple, qu'il renonce à nous choisir pour proie,
Et nous lui donnerons, en tressaillant de joie,
  Du labeur, du pain, de l'amour.

Et pour ces fronts brunis par le soleil du bagne,
Quel transport te saisit, quelle pitié te gagne !
Les scélérats ! ont-ils besoin de ton soutien,
Lorsque notre Thémis, en sa mollesse insigne,
Les protège et défend même qu'on les désigne
  Sous le nom de galérien !

V.

Chez d'*Orbigny* mourant inventons un supplice
Pour ce *Polidori*, pour sa vile complice :
Roi du roman, tu dois en purger tes états.
Tiens, ces lâches brigands, mon cœur te les pardonne,
   je vois que du moins ton équité leur donne
      La palme de leurs attentats !

Mon cœur auprès de *Murph* dans l'extase se plonge ;
Eugène, un tel ami, ce n'est donc pas un songe ?
Oh ! laisse-moi bénir cette réalité !
Du bonheur avec lui, *Rodolphe*, atteins la cime ;
Et toi, le créateur de ce couple sublime,
      Partage leur félicité !

Pendant que la rafale à l'entour se déploie,
Quel œil de sang, de feu dans les ombres flamboie !
Est-ce un spectre sorti de l'abîme des morts,
Ou bien un réprouvé que le démon réclame ?
C'est l'horrible *Ferrand*, qui traîne dans son âme
      Et l'épouvante et le remords !

Père de *Cecily*, dis-nous si Praxitèle
T'a légué son ciseau pour la créer si belle?
Dis-nous si c'est l'enfer ou toi qui la corromps?
Mais plutôt voile-nous ses attraits et ses vices ;
Son langage pervers, ses brûlants artifices,
   De honte rougissent nos fronts!

Eugène! ah! chez *Ferrand,* que tu nous fais de peine!
Combien de ton *guichet* nous détestons la scène!
Pour les chastes regards quel tableau répugnant!
N'entends-tu pas qu'ici le monde entier t'accuse
De souiller plus encor les ailes de ta muse
   Qu'au *Lapin-Blanc,* qu'au *Cœur-Saignant!*

Pour celle que ta plume idolâtre et diffame,
Présente à notre orgueil la véritable femme ;
Montre-nous son beau front de pudeur revêtu,
Son noble dévoûment, sa grâce enchanteresse,
Et son cœur assailli par des flots de tendresse,
   Mais protégé par la vertu!

Cecily!!!... Cependant j'admire ta puissance ;
Ton audace te tient presque lieu d'innocence...
Va, cours livrer ton *tigre* à la fatalité!
De ses *grandes* vertus explique le problème,
Et sur son front impur déchaîne l'anathème
   Du temps et de l'éternité!

Eugène, quand tu viens troubler la conscience,
Quand avec to l'on veut rompre toute alliance,
Pourquoi, dis-nous pourquoi, nous ne le pouvons pas?
Dans l'effroi, le dégoût, dans le sang, dans l'orgie,
Quel pouvoir infernal, quelle douce magie
    Enchaîne nos pas à tes pas?

Comme tu sais changer notre blâme en louange,
Voiler avec des fleurs ton océan de fange,
Et prêter aux démons la forme des élus!
Comme tu nous contrains, à l'heure qu'on t'abhorre,
De t'offrir un hommage, et d'écouter encore
    Quand ta voix ne résonne plus!

Toi qui pus m'enlever au vallon de mes pères,
Pour me salir les pieds dans tes hideux repaires,
Vas-tu me ramener à des destins meilleurs?
Oh! dis? me rendras-tu mon toit sur la colline,
Mes bosquets odorants, ma source cristalline,
    Mes gazons parsemés de fleurs!

Depuis qu'à mon doux ciel ta fougue m'a ravie,
Eugène! quels regrets empoisonnent ma vie!
Dans mon cœur oppressé j'entends à tout moment
Les oiseaux des forêts, les échos du rivage,
Et ma lyre si chaste, et mes sœurs du village
    Pleurer sur mon égarement!

VI.

De la *Force* j'ai vu l'indulgence coupable.
Comme toi, j'ai pensé que tout ce confortable
Encourage le vice au lieu de l'amender.
Si mon cri dans les airs s'est perdu comme un rêve,
Puisse ton mâle accent, plus acéré qu'un glaive.
  Par le monde se féconder !

Oui, pour les scélérats quel inique avantage
De trouver dans les fers liberté de langage,
Bon repas, molle couche et joyeux passe-temps !
Est-ce qu'un pauvre honnête, usé dans les alarmes,
Qui gagne à sa famille un pain trempé de larmes,
  Peut couler de si bons instants ?

Traînera-t-il le joug d'une vertu barbare
A l'aspect rassurant des bienfaits qu'on prépare,
Au perfide, au voleur, peut-être à l'assassin ?...
Thémis ! oh ! n'est-ce pas ton aveugle clémence
Qui fait chez les méchants éclore la semence
  Que l'enfer jette dans leur sein ?

Ici, comme un coupable, eh! quoi ton Germain souffre!
Qu'il aille respirer loin, bien loin de ce gouffre ;
Puis essayons tous deux d'accomplir un devoir :
Cette loi qui souvent pour une ombre s'escrime,
Ensemble forçons-la de décerner au crime
   Un cachot sombre et du pain noir !

Oui, malgré la coutume et d'injustes systèmes,
Du fort et du petit les méfaits sont les mêmes ;
Oui, brisons ces égards pour le nom, pour le rang.
Plus le coupable est fier, plus il a de science,
Plus il est odieux, et plus la conscience
   Veut que le châtiment soit grand.

Tu redis : *Aimons-nous et les uns et les autres.*
Mais cet adage est né dans l'âge des apôtres,
Au temps où les humains se pouvaient estimer.
Depuis, ces mots divins sont réduits en problème ;
Depuis, combien de gens indignes qu'on les aime,
   Plus indignes de nous aimer !

Pourtant que tu nous plais à cette heure bénie,
Où la sainte pitié dirige ton génie !
Comme nos cœurs émus battent auprès du tien !
Comme ils voudraient aider au réveil de ton rêve,
A la perversité commander une trêve,
   Proclamer le règne du bien !

Trop chère pour le pauvre! et c'est notre justice!
Dont l'altière faveur pour lui se rapetisse.
Eh! pourquoi l'indigent ne jouirait-il pas
De ces droits protecteurs qu'achète l'opulence?
Hélas! faut-il que l'or entraîne la balance
    Des lois que l'on fait ici-bas?

Cependant tu nous dis que les hommes sont frères,
Et que mêmes labeurs valent mêmes salaires.
Mais, Eugène, dépose un prisme éblouissant.
Non, le pied qui descend aux régions du crime,
N'a jamais de l'honneur pu remonter la cime;
    Je le répète en gémissant!

Toi, de ces cœurs gâtés par la peste du bagne,
Tu veux que la vertu redevienne compagne!
Va, pour eux tes efforts n'ébranlent pas ma foi.
Alors, qu'en ferons-nous?... Mon Dieu, que ta lumière
Nous aide à leur ouvrir une sûre carrière
    Qui puisse les mener à toi!

VII.

Loin des sanglants complots, loin du hideux *Squelette*,
A la *Force* écoutons *Germain* et *Rigolette* :
De leurs graves accents ne perdons pas un son.
Pour l'âme où tant d'erreurs se sont enracinées,
Pour ceux qui des humains règlent les destinées,
    Là quelle admirable leçon!

En même temps aussi quelle scène charmante
Entre le prisonnier et sa naïve amante!
De l'amour des élus n'est-ce pas l'horizon?
Faut-il que cet amour, créé pour notre exemple,
Qui dans chaque cité mériterait un temple,
    Éclate au sein d'une prison?

Mortel ambitieux, et vous, femme frivole,
Chez qui le sentiment comme l'ombre s'envole,
Et qui n'avez pour but qu'un sourire moqueur,
Oubliez un instant le caprice, le faste;
Venez dans cet amour si généreux, si chaste,
    Venez retremper votre cœur!

Dépouillez le dédain, restez, restez encore
Dans ces lieux qu'aujourd'hui l'innocence décore,
Où *des yeux et du cœur on s'aime tour à tour.*
De ces tendres aveux venez goûter le charme,
Venez sur votre front recevoir cette *larme,*
  Touchant baptême de l'amour!

Et vous tous dont le cœur, plus grand que la fortune,
Pleure devant le pauvre une gêne importune,
Si votre adversité ne peut nourrir sa faim,
Venez de la pitié lui porter le dictame;
Ici tout vous l'apprend : *la charité de l'âme*
  Vaut bien la charité du pain!

Ne vous séparez pas, *Germain* et *Rigolette;*
Que votre ombre sur nous bien long-temps se reflète.
Eugène! oh! laisse-nous ces tableaux ravissants.
Après les jours d'effroi, de péril, de souffrance,
Dans la sérénité, le calme, l'espérance,
  Que ta muse berce nos sens!

Nous te prions en vain : ton puissant magnétisme
Nous replonge au séjour du meurtre, du cynisme.
Qu'ils sont laids tes brigands de la *Fosse-aux-Lions!*
Voit-on se projeter des regards plus farouches,
Entend-on blasphémer de plus hideuses bouches
  Aux infernales régions?

A l'aspect dégoûtant de cette affreuse arène
Je me cache les yeux, je retiens mon haleine :
Oh ! pour m'aider à fuir viens me tendre la main !
Puis défends aux bandits dont l'audace proteste
Contre notre justice et le courroux céleste,
  De *refroidir* ce bon *Germain!*

De la peine de mort indomptable adversaire,
A ce monde pressé dans ton ardente serre,
Au lieu de l'échafaud qu'oses-tu proposer !...
Ton barbare dessein, ma pitié le renie :
Que dis-je? ce décret émané du génie,
  Serait-ce à moi de le peser ?

Cependant j'y reviens. Aveugler le coupable,
L'isoler, l'entourer d'un silence implacable,
L'enchaîner à l'ennui, le clouer au remords !
Oui, je crois, si l'enfer ne brise la sentence,
Qu'il vivra consumé de plus de repentance
  Qu'en présence de mille morts !

Que ta muse, à l'essor effroyable ou sublime,
S'élance dans le ciel, se roule dans l'abîme,
Elle sème partout des germes précieux ;
Que de sang, de parfums, sa verve nous inonde,
On la croit un fléau déchaîné sur le monde,
  Ou la messagère des cieux !

D'un pôle à l'autre pôle, Eugène, qu'on t'entende!
Tes leçons, en bonheur que le ciel te les rende!
Qu'elles soient le trésor de la postérité!
Mais à ta voix, semblable à la voix des oracles,
Il me semble déjà voir naître des miracles
  Et de raison et d'équité.

Que murmure l'écho?... du haut de la tribune,
Au mépris de ton nom, de l'estime commune,
Un prêtre de nos lois heurte ton piédestal.
Qu'importe leur suffrage ou leur acrimonie?
Au séjour des bienfaits, aux sphères du génie.
  Poursuis ton essor triomphal!

Tu le sais, ce qui sort de la ligne vulgaire
Se pose avec la foule en éternelle guerre.
Atome on t'eût souffert, colosse tu déplais.
Si la foudre s'abat, si l'autan se déchaîne,
N'est-ce pas sur les monts, à la cime du chêne,
  Au faîte orgueilleux des palais?

Puisses-tu soulever leur épaisse paupière,
Épancher ton soleil sur leur âme de pierre,
Y planter les jalons de ton vaste dessein!
Puisses-tu des méchants exterminer la race,
Déjouer leurs projets, nous servir de cuirasse
  Contre les traits de l'assassin!

Et puissent tes labeurs, plus sages que nos codes,
Que leurs subtilités et leurs vaines méthodes,
Devenir le flambeau de l'arbitre des lois !
Porte-les aux cités, aux champs, dans la bourgade,
Comme on vit Alexandre emporter l'Iliade
    Aux régions de ses exploits !

Cependant, oh! pardonne à ma libre pensée :
Par combien de tes sons notre oreille est blessée!
Que de fange mêlée à tes rayons de miel !
De combien de noirceurs ton caprice s'amuse!
Que de taches de sang sur le front de ta muse!
    Que de nuages sur ton ciel !

Et combien avec toi notre goût se déprave !
Quel funeste cachet dans notre âme se grave !
Et comme tu réduis le poète aux abois!
Au choc de la tempête, au fracas de l'orage,
Aux lueurs du volcan qu'elle est froide, l'image
    Des ruisseaux, des prés et des bois!

Depuis que devant nous posent tes noirs modèles,
Nos bons anges aussi nous trouvent infidèles;
Leur voix ne touche plus nos entrailles de fer :
Et, si leur tendre plainte au pardon nous convie,
Nos rebelles clameurs répondent : Notre vie
    Est aux puissances de l'enfer !

A toi, peintre du mal, artisan de prodiges,
Le droit de nous plier au joug de tes prestiges,
De fasciner les yeux, d'égarer la raison,
D'imposer tes instincts pour seules jouissances,
De nous accoutumer à tes larges licences,
    Comme Mithridate au poison!

Et, chose inexplicable! aussitôt qu'on te blâme,
Que de rougeur au front! que de regrets dans l'âme!
Soudain on se rétracte, on s'accuse d'erreurs,
On se croit un athée, on se croit un Vandale
De fouler sous ses pieds cette fleur de morale
    Qui croît au sein de tes horreurs!

Où te couronnas-tu de ce pouvoir immense
Qui fait, en confondant la raison, la démence,
Que nous t'abhorrons tant et que tant nous t'aimons?
Qui répandit sur toi ces contrastes étranges?
Qui sema dans ton cœur la science des anges
    Et la science des démons?

Dis-nous à qui tu dois ces formes, ces langages
Si riches de couleurs, parés de tant d'images?
Serait-ce au vieux Protée? à l'ombre de César? (1)

---

(1) On sait combien Protée revêtait de formes, et combien César parlait de langues.

D'où monte la vapeur qui, chez les grands du monde,
Sur le côteau fleuri, dans le cloaque immonde
    Fait descendre ou planer ton char?

De doutes, de terreurs près de toi quelle source!
Où vas-tu donc? Verrai-je au terme de ta course
Le soleil des vivants ou la nuit du trépas?
Ce que je sens en moi je ne puis le traduire :
A quitter ton drapeau l'effroi va me réduire,
    Si tu n'aides mon faible pas!

VIII.

Tu languis trop long-temps aux scènes de la *Force;*
Avec les détenus signons notre divorce :
Oui, l'âme à leur contact se flétrit sans retour.
Viens de la liberté rejoindre la patrie:
Rends-moi *Rodolphe* et *Murph;* surtout *Fleur-de-Marie,*
     Objet constant de mon amour!

Ne te souvient-il plus comme tu l'as laissée?
Sous le doigt du trépas cruellement pressée,
Le visage tout bleu, les membres tout perclus,
Aux mains de ce docteur, que mon âme déteste,
Qui voudrait dans la mort d'une fille céleste
     Exploiter un *sujet* de plus!

Quoi! s'enfuir lorsque *Franck* va devenir honnête,
Avant que la pitié n'achève sa conquête,
Quand plane sur *Germain* leur funeste projet!
Je reste; le devoir me retient dans la *pègre,*
Et, pour entendre aussi conter *Pique-Vinaigre,*
     Je mets *deux sous* au bassinet.

Tu m'as, le croira-t-on? à demi convertie.
Non, je ne reviens pas de cette sympathie
Que ces cœurs de brigands témoignent au malheur.
Est-il vrai que l'on peut refondre leur nature?
Ma thèse, soutenue avec tant de droiture,
    Ne serait-elle qu'une erreur?...

Je n'ose conserver cette douce croyance.
Le cri de la raison et de l'expérience
Me dit: L'instinct du mal, on l'apporte en naissant.
Non, non, l'adversité ne gâte jamais l'homme.
Néron avait-il faim, quand il allait dans Rome
    Se gorger de boue et de sang?

Pendant ces longs récits quelle crainte m'agite!
Gardien, ne songe plus au repas qui t'invite;
Et toi, *Pique-Vinaigre*, oh! parle, conte encor!
Silence dans la pègre!.. Est-ce un signal d'alarmes?....
Qui, pour sauver *Germain*, me prêtera des armes?..
    A son secours, *Moucheron d'or!*

Salut, ô *Chourineur!* entre tes bras d'athlète,
Étreins le *Gros-Boiteux*, étouffe le *Squelette!*
Gloire à toi qui nous rends *Germain* assassiné!
Mais quel aveu fatal paralyse ma joie?...
Quand *Rodolphe* t'avait mis dans la bonne voie,
    As-tu de nouveau *chouriné?*

Du cœur et de l'honneur! armé de cet adage,
Est-ce qu'un repentant redoute le naufrage?
J'admire, ô *Chourineur*, ton élan surhumain.
Maintenant, c'en est fait : ton passé, je l'oublie;
Aux transports de *Germain* tout mon être s'allie,
  Viens donc aussi... presser ma main!

Eugène, à cet instant mon ivresse est complète;
Puisque tu vas unir *Germain* et *Rigolette*:.
Pour ces tendres amants quel était mon souci!
Dieu te bénit d'avoir protégé l'innocence,
Et mon luth et mon cœur, pleins de reconnaissance,
  Te modulent un long merci!

Désormais plus d'effroi, qu'importe où tu m'entraînes!
De tes brûlants coursiers laisse flotter les rênes;
On ne peut s'égarer sur ton généreux pas.
Si dans l'éternité tu me faisais descendre,
Ainsi que le phénix, qui renaît de sa cendre,
  Par toi je vaincrais le trépas!

IX.

A MONSIEUR EUGÈNE SUE

atteint d'une indisposition (1).

Toi, que l'on croit sorti d'une race divine,
A qui toutes les voix décernent des autels,
Eh quoi ! ton large front et pâlit et s'incline
Comme le front obscur des plus faibles mortels !

En te voyant muet et perclus dans ton aire,
On dirait qu'en orgueil se change mon effroi...
Dois-je plaindre les maux qui te font notre frère ?
Au lieu de te prier, dois-je prier pour toi ?

Pourtant je m'agenouille aux pieds de la madone,
Notre mère aussi bien que celle des élus,

(1) Le *Journal des Débats* annonçait qu'une indisposition de M. Sue ajournait la publication des *Mystères de Paris*.

Pour qu'elle te protége et que son fils te donne
Un long tissu de jours qui ne s'altèrent plus.

Et je charge Zéphir de caresser ta tête,
L'oiseau de te chanter les refrains de l'espoir,
La gloire de t'ouvrir cette brillante fête,
Où, couvert de lauriers, tu reviennes t'asseoir.

Puis je cours te verser mon onde la plus pure,
Te porter le plus doux de mes rayons de miel,
Te faire un lit de fleurs, t'ombrager de verdure,
Te voter ici-bas mille faveurs du ciel !

A quelle anxiété ta souffrance nous livre,
Et comme ton repos paralyse nos sens !
Maintenant, tu le sais, nous ne pouvons plus vivre
Qu'effrayés ou ravis par tes mâles accents.

Avec le monde entier, Eugène, je t'implore :
Brise de la douleur le joug audacieux ;
Ressaisis ton empire, et viens, oh ! viens encore
Nous plonger dans l'enfer, nous lancer dans les cieux !

X.

Mais ce n'est pas assez de sonder les abîmes
Des plus basses erreurs, des plus horribles crimes,
De la grande cité redresse tous les torts :
Qu'on t'enivre d'encens, contre toi qu'on sévisse ;
Pour greffer la vertu sur la tige du vice,
    Tout est digne de tes efforts.

Ta tâche envers le siècle est loin d'être remplie,
Eugène ; il est chez nous encore de la lie,
Des larmes à sécher, des douleurs à guérir,
Des cœurs à retremper, des esprits à convaincre,
Des erreurs à fronder, des sophismes à vaincre
    Et des palmes à conquérir !

Qu'on soit humble, superbe, entouré de puissance,
Revêtu de candeur ou masqué d'innocence,
De tous les cœurs tarés pénètre le secret :
Relance tes filets sur les uns, sur les autres,
Avec autant de fruit qu'autrefois les apôtres
    Sur le lac de Genesareth.

Du fourbe, de l'ingrat découvre-nous l'histoire ;
Crie opprobre au renom usurpateur de gloire,
Que l'intrigue ou que l'or a souvent couronné ;
Au mérite caché décerne son salaire ;
Barre l'essor hardi du torrent populaire,
  Qu'un Lamennais a déchaîné !

Depuis l'humble commis, jusqu'au puissant ministre,
Montre comme aujourd'hui la faveur s'administre,
Si la philanthropie engendre le bonheur,
Si le plus orgueilleux est toujours le plus digne,
Si le plus intrépide est celui qu'on désigne
  Dans les archives de l'honneur !

Du temple de nos lois, battu par ta mitraille,
Sans jamais te lasser, fais ton champ de bataille ;
Bannis-en les clameurs, le personnel amour,
L'ardente faction, la molle indifférence ;
Et puisse l'intérêt de notre belle France
  Rester seul à l'ordre du jour !

Abaisse ton regard au fond de la province
D'où fuit cette candeur que notre siècle évince,
Où mille erreurs aussi lèvent leurs fronts altiers !
Proscris ces faux dévots, ces meneurs, cette envie,
Insectes venimeux, ligués contre la vie
  Qui s'écarte de leurs sentiers !

Vois si la liberté n'est pas un mot factice,
La conscience un rêve, et si de la justice
La balance obéit au poids de l'équité :
Vois comme un nom déchu déguise ses naufrages,
Comme le candidat achète les suffrages
    Qui le consacrent député!

Vois-tu ces magistrats créés pour notre exemple,
Ces ministres que l'œil comme un phare contemple,
S'unir aux passions des plus faibles mortels?
Attaque ces abus qui par foule surgissent,
Ces nuances de rang, ces trafics qui se glissent
    Jusqu'aux marches de nos autels!

Frappe ce parvenu qui d'or se creuse un fleuve
Des pleurs de l'orphelin, du denier de la veuve,
Qui met du vieil honneur les lambeaux à l'encan!
Flétris cet égoïsme où le monde s'enlace,
Dont l'aride contact transformerait en glace
    Les flancs embrasés du volcan!

Honnis ces graves riens, ces préjugés sans nombre,
Ces traits qu'un bras ami nous décoche dans l'ombre,
Ces langues qui du glaive imitent le tranchant!
Deviens le bouclier des cœurs droits qui gémissent,
Des faibles opprimés, des justes qui périssent,
    Noyés dans le fiel du méchant!

Répète-nous que l'or dont s'achète l'ivresse,
Nous vaut moins que l'obole offerte à la détresse.
Dis-nous que la bonté surpasse le savoir,
Que le bonheur n'est pas dans ces gloires qui trompent,
Dans cet amour qui ment, dans ces nœuds qui se rompent,
    Mais dans les bornes du devoir.

Dans ce monde où les bons sont presque des miracles,
Où les œuvres du bien rencontrent tant d'obstacles,
Forge-nous le pouvoir de rester vertueux.
Dussions-nous expirer sous l'arrêt qui nous frappe,
Fais que la vérité de nos lèvres s'échappe
    Comme un torrent impétueux!

Mais parmi tant d'écueils, mais parmi tant de piéges,
Que deviendra le bon si tu ne le protéges?
Toi qui reçus nos vœux, que chanta notre luth,
Contre nos ennemis sois-nous donc un refuge;
Comme au juste Noé sur les flots du déluge,
    Sois-nous une arche de salut.

XI.

Pourquoi nous ramener chez ton affreux notaire?
Ne valait-il pas mieux en balayer la terre?
C'est pitié, c'est péril de le revoir encor.
Suivi du scélérat, quel effroi tu m'imprimes!
A nos yeux consternés ses vices et ses crimes
   Vont-ils prendre un nouvel essor?

Quand la crédulité déjà le canonise,
Va-t-il dans les tourments replonger ta *Louise?*
Va-t-il ensevelir ses meurtres dans l'oubli?
Au mépris de nos lois et du ciel qu'il affronte,
Va-t-il nous abreuver de dégoût et de honte
   En présence de *Cecily?*

Polidori va-t-il déchirer l'enveloppe
Qui cache l'homme saint, le pieux philanthrope?
Ou quelle autre pensée a germé dans ton sein?
Que ce couple, disais-je, et se brise et s'immole,
Ainsi que ta *Chouette* et ton *Maître d'école!*
   Non, plus sublime est ton dessein!

Où *Ferrand* a péché, qu'il trouve une torture :
Étouffe devant lui le cri de la nature ;
Laisse-le se crisper et se tordre et souffrir ;
Chasse les vents sereins de sa tête brûlante :
Des maux les plus aigus, de la mort la plus lente,
  Le monstre, puisse-t-il mourir !

Trêve de longs discours ; l'heure nous est trop chère.
Cours sauver *de Fermont* qui périt de misère,
Ton *Morel* possédé d'un funeste transport,
Louise qui s'éteint loin de toute espérance !
Oh ! vite élance-toi ; pour calmer leur souffrance,
  Sois plus diligent que la mort !

Qu'aperçois-je ? *Sarah !*.. Qui l'arrache à la tombe...
Près de son corps sanglant toute haine succombe :
Maître de ses destins, dépose ton courroux.
Fonds au jet de ta voix l'airain qui la cuirasse ;
En un foyer d'amour change son cœur de glace ;
  Rends-lui sa fille et son époux !

Elle est femme : son cœur à cet aspect si tendre
Va, je le sens en moi, s'agiter, se détendre.
Une femme, vois-tu, ne l'est jamais en vain :
Si l'homme quelquefois dénature son âme,
Eugène, souviens-t'en, c'est toujours une femme
  Et quelque chose de divin !

Sarah! ce n'est pas toi! *Sarah*, honteux emblème
D'égoïsme, d'orgueil, reçois notre anathème!
Tu n'es plus notre sœur, ô femme de granit!
Nous détournons les yeux de ta froide présence ;
Nous te laissons mourir sans prendre ta défense
      Contre l'époux qui te maudit!

Quel noir pressentiment en moi se réalise!
Pauvre père! mon cœur avec le tien se brise.
Oh! d'un reste d'espoir laisse-nous te bercer!
Pour toi brillent encor des images sereines.
Vains efforts! ta douleur est au rang de ces peines
      Que le temps ne peut émousser!

Quoi! *Rodolphe*, chez qui tant de grandeur réside,
Il était criminel, il était parricide!
Pourquoi nous enlever un prisme ravissant?
Pourquoi nous obscurcir cette divine étoile
Qui rassurait nos yeux, qui sauvait notre voile
      Sur des flots de boue et de sang!

Rodolphe, sur ton front qui verserait le blâme?...
Va, pour t'aimer encor, notre cœur te réclame :
Relève fièrement tes regards abattus;
Et viens sur nos esprits ressaisir ton royaume.
Un jour d'égarement pèse-t-il un atome
      Dans la balance des vertus?

HUITIÈME PARTIE.

XII.

Quelle nuit chez *Ferrand!* oh! comme la rafale
Furieuse, implacable autour de moi s'exhale !
Comme je vois aussi des fantômes surgir !
J'ai peur! là, sur mon sein, quel poids affreux me gêne!
Pour avoir dans ces lieux suivi les pas d'Eugène,
  Mon Dieu! voudrais-tu me punir?

Me punir, ô mon Dieu! quand mon âme fidèle
N'a pas voulu choisir le méchant pour modèle!
Parfois si le poète égare mon essor,
Tu sais comme sa main me sauve de l'abîme
Pour reporter soudain mes pas sur une cime
  Aussi pure que le Thabor!

De ses tableaux charmants oublions les délices,
Pour franchir avec lui la porte des hospices,
Et voir combien nos maux revêtent de couleurs :
Lions notre pensée à ces vastes misères,
Et cachons, s'il se peut, les peines de nos frères
    Sous nos bienfaits et sous nos pleurs.

Eugène, en ce moment qu'on t'épargne l'envie,
Ce venin que l'on jette à l'éclat de ta vie,
Ce pudique courroux trop souvent mérité!
C'est ici que tu plais, c'est ici que l'on t'aime;
Eugène, c'est ici que ton noble système
    Par tous les cœurs est adopté,

Approchons... dans ces lieux que de visages blêmes!
Quel oubli dévorant, quels funestes emblèmes!
Quels sanglots étouffés, quel silence profond!
Rien ne vient rassurer ces prunelles errantes,
Nul baiser ne se colle à ces lèvres mourantes,
    A leur adieu rien ne répond!

Un prêtre, des flambeaux traversent le portique :
On parle, on vient, on fuit.... pour qui ce viatique?
D'où part ce long soupir?... pourquoi ce drap jeté?..
Ne pourrai-je revoir cette brillante actrice,
Dont le rôle achevé dans la terrestre lice,
    Commence dans l'éternité!

On s'éloigne! restons au chevet de la morte.
D'Esculape déjà l'impassible cohorte
Nous réclame un *sujet!* Dieu! qu'ils sont laids à voir,
Ces adeptes pareils aux *chiens à la curée*,
Qui veulent que des morts la dépouille sacrée
    Soit l'élément de leur savoir!

Grâce de ce docteur dont tu nous représentes
La prunelle d'airain, les formes imposantes,
Le flegme glacial, le langage hautain.
Mais, non, dévoile-nous les secrets de cet homme
Qu'on appelle savant, et qu'avec toi je nomme
    Le bourreau de notre destin!

Ramène notre siècle aux saines habitudes :
Dis-nous, dis-nous encor que ces graves études
Produisent beaucoup moins de clartés que d'erreurs,
Que la mort est souvent fruit d'une expérience;
Que ces doctes mortels, princes de la science,
    Ne sont que de grands imposteurs!

Ils ont beau nous livrer batailles sur batailles,
Explorer nos cerveaux, fouiller dans nos entrailles,
Nous farcir de poison, ou de glace ou de feu,
Nous dessécher de faim, nous tailler, nous pourfendre,
Épuiser notre sang : ils ne pourront surprendre
    Un mot des mystères de Dieu.

Donne-leur pour savoir l'instinct de la nature,
Pour amour, pour orgueil, la pitié, la droiture.
Au lieu de s'étayer d'arrêts mal affermis,
De leurs termes obscurs, loin de faire parade,
Qu'ils se montrent enfin du pauvre, du malade,
  Et les soutiens et les amis.

Parfois il en surgit, de ces hommes modestes
Qui semblent ici-bas des messagers célestes,
Qui jamais n'ont compté ni leurs soins, ni leurs pas :
Ceux-là, de mille vœux mon cœur les environne ;
Et ma main sur leurs fronts dépose une couronne
  De fleurs qui ne se fanent pas !

Retournons contempler ces misérables couches ;
Recueillons les soupirs de ces livides bouches :
Mais dans cet air infect comment *s'acclimater?*
Comment, dans sa mémoire, imprimer tant de plaintes?
Comment voir au milieu de tant de choses saintes
  La chair humaine s'exploiter?

Docteur, moins d'égoïsme et plus de retenue.
La pitié souffre trop, la pudeur est trop nue !
Le malade n'a point de sexe, dites-vous?
Docteur, vous blasphémez ; honte à votre doctrine,
Tout ce qui sent un cœur battre dans sa poitrine
  Vous briserait de son courroux !

Cette fille assoupie, oh! d'où vient qu'on l'éveille?
D'où vient que sur son flanc ils posent leur oreille?...
Laissez la jonglerie à des gens sans aveu.
Tourmenteurs des humains, à mon tour je vous crie :
Redoutez d'*exercer votre affreuse industrie*
    Sur des créatures de Dieu!

Que de plaintes encore en ce lieu de souffrances!
Que d'abus, que de maux dépouillés d'espérance!
Quittez, législateurs, le temple de l'orgueil;
Placez les indigents sous vos tendres auspices,
Et qu'ils ne viennent plus faire dans les hospices
    L'apprentissage du cercueil!

Et l'on peut se gorger de gloire, d'allégresse,
Lorsque tant de fléaux accablent la détresse!
L'écho de ces douleurs, l'abandon de ces morts,
Riche, de ton palais devraient brunir le faîte;
Ils devraient marier aux concerts de ta fête
    Le cri foudroyant du remords!

Eugène, n'as-tu pas une part de louanges
A vouer à ces sœurs semblables à des anges?
Oh! moi, je m'agenouille à leur aspect touchant;
Moi, je veux dépouiller ma frivole parure,
Déserter les plaisirs et me ceindre de bure
    Pour suivre leur divin penchant.

A ces mornes objets de tristesses, d'alarmes,
Ne laisserai-je, hélas! que de stériles larmes?
Pauvre *Jeanne Duport,* ne puis-je te sauver?
Que de traits déchirants s'enfoncent dans mon âme
A ces récits cruels que jamais une femme
    N'aurait la force d'achever!..

Pauvre *Jeanne Duport!* relève ton courage;
Un bienfaisant génie a conjuré l'orage
Qui sur ton lendemain jette un nuage épais.
La *Lorraine,* bannis *tes craintes d'outre-tombe;*
A l'aspect de *Clémence,* Esculape succombe;
    Va dormir au champ de la paix!

De Fermont, jeune fille, éclose dans la joie,
Après *Jacques Ferrand, Griffon* te fait sa proie!
Et ta mère n'est point accourue à tes cris!...
Si ta mère a rejoint la demeure éternelle,
Un ange d'ici-bas te couvre de son aile;
    De Fermont, reprends tes esprits!

Clémence, dans tes bras emporte-les, ces femmes;
Rends la force à leurs corps, l'énergie à leurs âmes,
Et vois comme d'ivresse un bienfait est mêlé!
Poursuis, sans te lasser, ta pieuse industrie,
Et, riche de bonheur, guide *Fleur-de-Marie*
    Auprès d'un père désolé!

XIII.

Clémence, que les maux d'une fille et d'un père
Se changent par tes soins en avenir prospère ;
Mais prends garde à l'excès de la félicité.
Souvent un jus exquis fait éclater le vase ;
Un éclair de bonheur quelquefois nous écrase
      Plus qu'une longue adversité !

Rodolphe et toi, *Clémence*, avec combien de charmes
J'entends parler vos cœurs, je vois couler vos larmes !
Ici votre langage est un écho des cieux :
Mais, lorsqu'avec respect mon regard vous contemple
Et que le monde entier vous choisit pour exemple,
      Vous perdez un temps précieux.

Marie, à votre seuil, attend seule, inquiète :
Si près d'elle l'enfer ramenait la *Chouette !*
Mon cœur à ce penser se soulève d'effroi,
Et, lui tendant les bras, plus que vous je m'écrie :
Bon Murph... va... va donc vite au-devant de *Marie ;*
      Fidèle *Murph*, élance-toi !

Marie, en ce palais avance donc sans crainte ;
Là, d'une heure sans nom soutiens la douce empreinte :
D'étonnement, de joie, oh ! ne va point mourir !
Puissent, trop chère enfant, puissent les destinées
Voiler par un amas de brillantes années
      Les maux qu'elles t'ont fait souffrir !

Oserons-nous encor dire *Fleur-de-Marie*,
Te nommer de nos jours la compagne chérie,
Au jour où le destin vous place au rang des rois ?
Mais peux-tu ressembler aux riches de la veille
Qui détournent les yeux et qui ferment l'oreille
      Aux simples amis d'autrefois ?

Rodolphe, calme-toi : ta fille t'est rendue.
Pauvre père ! ta fille, aux scélérats vendue,
Erra dans les égouts de la grande cité !
Ta fille, dans la fleur de sa frêle jeunesse,
Des bandits teints de sang, de l'horrible *Borgnesse*
      Épuisa la brutalité !

Et tu ne sentais pas qu'une part de ta vie
Sous les maux les plus durs gémissait asservie !
Et son ombre le jour ne suivait pas ton char !
Et quand la nuit fermait ta paupière lassée
Son image flétrie à ta noble pensée
      Ne rivait point un cauchemar !

Des mains d'un *Chourineur* lorsque ta main l'arrache,
Quoi! ce vague contact dont l'instinct nous attache,
N'exerce pas sur toi le charme de l'aimant!
Quoi! ta fille n'est point l'attrait qui te domine!
Dans ton œil scrutateur, dans ta fière poitrine,
      Quoi! pas un seul pressentiment!

Quand tu peux l'entraîner de cette rue aux Fèves
Au pré de Bouqueval, peuplé de jolis rêves,
Quoi! son bon ange au tien ne la révèle pas!
Et lorsque tu lui dis : En ma promesse espère,
Quoi! rien ne lui répond : *Rodolphe,* c'est ton père,
      Cours te jeter entre ses bras!

Quand ce fatal amour, qu'à peine elle s'avoue,
D'un suave incarnat lui colore la joue,
Pourquoi donc au remords ne fait-il point de part?...
Dieu, qui vois à tes pieds l'univers se soumettre,
Pourquoi, devant le mal que nous allons commettre,
      N'élèves-tu pas un rempart?

Sous un poids de regrets, de bonheur, de surprise
Il me semble, mon Dieu, que leur âme se brise.
Rodolphe, je t'en prie, étouffe ces transports :
Ton secret, il n'est pas l'heure de le répandre.
Mais, ces émotions, je renonce à les rendre,
      Elles surpassent mes efforts!

Rodolphe, autour de toi quel vague bruit transpire?
Quand la félicité va t'ouvrir son empire,
Qui donc fixe un nuage à ton front triomphant?
Si l'amour te sourit, dans le ciel s'il te porte;
Pourrais-tu regretter qu'elle ne fût pas morte,
  Sarah, mère de ton enfant!

D'Harville, devant toi je demeure en extase :
Quoi! d'un bonheur si pur tu renverses la base
Pour rattacher tes vœux au culte du devoir!
Quoi! *Rodolphe*, animé par ton sublime exemple,
Au devoir à son tour veut élever un temple
  Sur les ruines de l'espoir!

Ici l'âme s'oppresse, ici la voix soupire :
Ah! livrez-vous, sans crainte, au plus tendre délire;
Assez de jours mauvais assiégent nos destins.
Puis, par un prompt retour, fils de l'expérience,
On sent au fond du cœur que de la conscience
  Naissent les dons les plus certains.

Un char impétueux s'envole dans l'espace.
Chez l'altière *Sarah* quelle scène se passe!
Pour elle mon pinceau manquerait de couleurs....
Ces larmes, ces remords et d'épouse et de mère,
Ces mots inachevés, cette agonie amère,
  Nous abiment dans les douleurs!

Je te l'assurais bien que jamais une femme
Au cri du sentiment ne fermerait son âme,
Et ne pourrait briser le charme de son nom.
Le cœur chez la plus froide exerce ses prestiges,
Comme on vit le soleil inspirer des prodiges
    Au bronze antique de Memnon!

Rodolphe, empresse-toi : l'aube éternelle brille!
Accorde à sa prière et sa fille et ta fille,
Et de tendres baisers, vite, viens la couvrir!
Elle cherche ta main, prends sa main dans la tienne;
Rodolphe, son pardon, de toi qu'elle l'obtienne;
    Oh! viens l'empêcher de mourir!

Le maître souverain prononce la sentence!..
Vous dont l'ambition dessèche l'existence,
Venez puiser ici de grands enseignements :
Voyez comme le mal dégénère en supplice,
Comme un remords déchire, et comme sur le vice
    Planent d'augustes châtiments!

Rodolphe, respectons sa parole dernière:
Que les honneurs royaux accompagnent sa bière;
Puis à celle qui t'aime unis ton avenir.
Mais, tandis que sur toi la félicité brille,
A *Sarah* repentante et mère de ta fille
    Conserve un triste souvenir!

XIV.

Eugène, quel succès environne ton livre !
Avec quelle fureur à son charme on se livre !
Qu'il est beau de se voir porté sur le pavois !
Oui, tressaille d'orgueil : pas un coin de ce monde
Où le cœur ne palpite, où l'écho ne réponde
      Aux mâles accents de ta voix.

A ta voix, des cités s'ébranlent les murailles ;
Ce monde est secoué jusque dans ses entrailles,
Comme à l'heure où la terre est en convulsions.
Jamais, dès qu'on l'effleure, on ne fuit ton empire ;
Il faut que l'on existe, il faut que l'on expire
      Brisé par tes commotions !

Pitié pour mes efforts ! pitié pour ma faiblesse !
Fais trêve à tes horreurs, fais trêve à mon ivresse,
Et dis-nous si, par toi, l'on deviendra meilleur.
As-tu pour nous peser le levier d'Archimède ?
De nos maux ta magie est-elle le remède ?
      Ton délire, est-ce le bonheur ?

Est-ce par ton flambeau qui brûle, qui dévore,
Que des nobles instincts le germe doit éclore?
Nous applaudirons-nous de ton règne absolu?
D'un triomphe effréné si ton âme est jalouse,
Irais-tu donc choisir pour sœur ou pour épouse
    La jeune fille qui t'a lu?

Moi-même je l'avoue, au plus fort de l'ivresse,
La honte teint mon front et le regret m'oppresse,
Et je veux renier ta gloire et mon serment:
Puis Satan, ou le ciel, hélas! me jette encore,
Sur ton pas qu'on maudit, que de fleurs on décore,
    Qui nous retient comme l'aimant.

Depuis que je me suis attachée à ta course,
Pour moi combien d'ennuis! de haines quelle source!
Tous les miens ont rompu les nœuds les plus sacrés.
On ne veut plus me voir, m'aimer ni me connaître;
On m'abhorre, on me fuit comme l'on fuit un être
    Qui hante les pestiférés!

A mes épanchements, si quelquefois je cède,
Ne crois pas que l'envie ou que l'orgueil m'obsède,
Ni que j'ose d'en bas monter à ta hauteur,
Que je veuille insulter à ta palme suprême,
Comme à Rome l'esclave escortait d'anathème
    La gloire du triomphateur.

L'instinct qui me domine est cet élan sincère
Que l'âge du progrès de plus en plus resserre,
Que l'on taxe aujourd'hui de ridicule accent.
Pour lui tu me verrais risquer de te déplaire,
De l'univers entier affronter la colère;
    Pour lui, je vendrais tout mon sang!

Mais, si parfois le blame entoure ma louange,
Je suis comme Jacob, je lutte contre un ange,
Et, bravant de mon cœur le flux et le reflux,
Je m'attache à tes pas, mystérieuse échelle,
Dont le pied tient au monde et dont le front m'appelle,
    Au sanctuaire des élus!

XV.

Recueillons nos esprits : voici le vieux Bicêtre.
D'autres adversités vont-elles m'apparaître?
Ici des condamnés attendent le trépas!
Là fléchit la vieillesse et rugit la démence.
Eugène, de nos maux que la liste est immense!
    De grâce, ne l'achevons pas!

Nous qui dans notre sein sentons bondir une âme;
Lorsque sous tant d'aspects le malheur nous réclame,
Irions-nous, couronnés et de joie et de fleurs,
Envahir ces palais où les plaisirs s'unissent?
Oh! l'ignoble pensée! avec ceux qui gémissent
    Plutôt laissons couler nos pleurs.

Ces pauvres idiots, qu'ils me semblent à plaindre!
De quelle ombre je vois leur avenir se teindre!
Ont-ils donc pour toujours perdu le sentiment?...
Bon docteur, à quel point ta réponse m'atterre!
Qui créa ce fléau? de l'orgueil de la terre
    Serait-ce un divin châtiment?

Qu'ils affligent mon cœur, ces bizarres visages,
Ces *sons incohérents* et ces *rires sauvages*,
Ce repos bestial, ces transports continus!
Mais que j'aime chez eux ces signes magnétiques,
Ces progrès étonnants et ces pieux cantiques
    Dont les mots leur sont inconnus!

N'est-ce point un bonheur d'avoir cette folie
Qui de l'urne des jours nous dérobe la lie?..
Blasphème!.. quand du mal l'inexorable assaut
Vient nous briser le sein, mortels, sachons nous dire :
Si des calamités notre monde est l'empire,
    Un Dieu récompense là-haut!

En admiration là ma haine se change.
Au bienfaisant *Herbin*, oh! mille fois louange!
Que son beau dévouement par Dieu lui soit compté,
Et ce calme où par lui de pauvres cœurs se bercent,
Et ces soins pleins d'amour, ces vertus qui s'exercent
    Au seul nom de l'humanité!

Que j'aime ces zéphyrs, ces ondoyants feuillages,
Ces gazons émaillés, ce doux ciel sans nuages
Dont ta verve embellit l'asile des douleurs!
Sous ton vaste pinceau quel monde se rassemble!
Dis-moi : comment fais-tu pour marier ensemble
    L'or, le sang, la fange et les fleurs?

Que j'aime à retrouver *Germain* et *Rigolette*
Avec cette candeur qui sur eux se reflète,
Et de tendres souhaits comblant leur bienfaiteur !
Que j'aime leur gaîté, leur pudique sourire,
Et ce *coffre* où mes yeux se plaisent à relire :
    Travail, sagesse, amour, bonheur !

A l'amour, au bonheur le destin les convie
Puisque la gratitude est l'âme de leur vie.
Eux, loin de ressembler à ce troupeau d'ingrats
Qu'un service rendu trop souvent fait éclore,
Savent qu'un nom sauveur est un nom qu'on adore,
    Et qu'on bénit jusqu'au trépas !

Eugène, se peut-il que le *favoritisme*,
Ce fils de notre orgueil et de notre égoïsme,
Soit de Bicêtre aussi le coupable habitant,
Et que le rang s'y donne aux puissantes menées ?
Oh ! ceci, comme à toi, comme aux âmes bien nées,
    Me semble un abus révoltant !

Aujourd'hui les abus sont les rois de la terre ;
A leur aspect fléchit le front le plus austère.
Eugène, ralentis leur formidable essor :
Réveille dans nos cœurs l'espérance déçue,
De la justice enfin débarrasse l'issue ;
    Ramène-nous le siècle d'or !

Oui, malgré tes écarts, malgré la calomnie,
Sous ton habile effort le cœur se remanie;
Tout s'épure et grandit sous ton pas généreux.
Autant qu'un souverain déjà l'on te renomme,
Et déjà notre bouche avec respect te nomme :
Providence des malheureux!

Du débile orphelin, de la pâle détresse,
Des fils de l'abandon, de la faible vieillesse
Je demande avec toi qu'on écoute le cri.
L'honorable artisan, je veux qu'on le soulage,
Et qu'il ait, en pliant sous le fardeau de l'âge,
Du pain, du repos, un abri!

Je demande avec toi, pour l'indigent poète,
Un consolant sourire, une douce retraite :
Que la France pour lui montre plus de pudeur,
Qu'à cette heure d'opprobre, où, cruelle marâtre,
Elle voue à la faim Gilbert et Malfilâtre
Et la pauvre Élisa Mercœur!

C'est trop, répondra-t-on : avec toi je demande
Qu'en ces longues erreurs l'autorité s'amende,
Que ses pas vers le bien soient vraiment progressifs,
Qu'elle vienne au secours des âmes gémissantes,
Plutôt que de combler de faveurs incessantes
Tant d'intrigants et tant d'oisifs!

Au lieu de nous bâtir cent palais inutiles,
Qu'elle fonde à ta voix de généreux asiles,
Purifiés d'abus, exempts de passions.
Par toi que notre France, amante de victoires,
Par ses vastes bienfaits, autant que par ses gloires,
    Soit la reine des nations!

Quel fantôme hideux dans l'ombre se projette?
C'est *Fourline* encor teint du sang de la *Chouette*,
Et courbé sous le poids du suprême courroux.
Quand il faut qu'au bonheur ici chacun renaisse,
Dans ce monstre infernal que rien ne reconnaisse
    Ni son père, ni son époux!

Dans l'appui du Seigneur, pauvre *Morel*, espère:
Non, jamais pour le juste il ne fut mauvais père.
Bon docteur, que le ciel te conduise à ton but!
Le *cœur me manque* aussi dans ce moment de crise.
Morel!... il est sauvé! Le nom de sa *Louise*
    Est son étoile de salut!

Vous qui l'avez pleuré, l'honnête lapidaire,
Que chez vous aujourd'hui le regret se modère;
Venez de sa raison célébrer le retour!
Que pour vous l'avenir jamais ne se ternisse :
Vous tous, ô tendres cœurs! que le ciel vous unisse
    Par un nœud de fleurs et d'amour!

XVI.

Veuve du condamné, méchante *Calebasse*,
A votre aspect maudit ma voix demande grâce.
Pour ceux de vos penchants, pour ceux de votre nom
La route du remords ne peut être frayée;
Eugène, je t'en prie, à ma vue effrayée
      Ferme vite leur *cabanon*.

Mais, je vois se rouvrir l'antre des condamnées,
Je vois leurs yeux d'airain, leurs faces basanées;
J'écoute avec dégoût leur noir ressentiment,
Leurs défis prolongés, leur poignante assurance,
Leurs sarcasmes amers, leur *horrible espérance*,
      Leur effroyable affaissement.

C'est regarder leur cœur trop long-temps se répandre
Dans *ces expressions impossibles à rendre*.
Généreux *vétéran* et toi, bon *Martial*,
Qui pour elles tentez une si digne épreuve,
Fuyez, fuyez surtout l'abominable veuve,
      Son contact vous serait fatal.

Eugène, ton pouvoir, ici je le déplore :
Et ma bouche, que rien n'eut jamais droit de clore,
Ose te demander : Eh quoi! ne crains-tu pas
Que cette froide audace et ce courage immense
Ne fassent chez le peuple éclore la semence
  Des plus monstrueux attentats ?

Quelle étrange pitié me prend pour *Calebasse!*
Il est trop tard!.. Jamais, pour la divine grâce.
Son crime, c'est sa mère, hélas! qui le voulut.
Du ministre de paix que l'onction la touche;
Qu'à *ses yeux, sans regard,* qu'à sa mourante bouche
  S'offre le signe du salut!

Le long des corridors des lueurs se projettent :
J'entends des voix, des pas que les échos répètent;
Des glaives menaçants surgissent du fourreau.
Sur les pieds, sur les mains se déroule une entrave;
Puis apparaît un homme à la démarche grave...
  Et *cet homme était le bourreau.*

Puis-je considérer la toilette sinistre,
Le refus du pardon, le renvoi du ministre,
Cet œil fixe qui tel qu'un vampire nous mord!
Puis-je ouïr des ciseaux le *grincement sonore?*...
Il semble en ce moment que l'âme s'évapore,
  N'est-ce pas, *coiffeur de la mort?*

Tout s'achève... A la porte un char léger s'arrête;
Il revient de porter des heureux à la fête,
Pour traîner aujourd'hui deux femmes au trépas!
De ce monde, Seigneur, que les scènes sont vastes!
Quelle étrange ironie et quels frappants contrastes
  Nous rencontrons à chaque pas!

Quelle sombre rumeur éclate dans la rue!
Vers l'échafaud dressé quelle foule se rue!
Chez ce peuple, mon Dieu! quel féroce penchant!
Il ne vient pas ici pour épurer son âme,
Ni pour puiser l'horreur d'une pensée infâme,
  Mais pour devenir plus méchant!

De la peine de mort ardent antagoniste,
Faut-il en ses erreurs que ton âme persiste,
Malgré notre raison, nos lois et notre vœu!
Créatures de Dieu, redit ton noble style!...
Mais le tigre affamé, mais le sanglant reptile
  Sont des *créatures de Dieu.*

Quel serait notre sort si nos lois laissaient vivre
Le dangereux mortel qui de meurtres s'enivre?
Va, ton *aveuglement* nous cause trop d'effroi :
Qu'on adopte plutôt l'exemple de l'Espagne,
Qu'un appareil utile et lugubre accompagne
  L'holocauste offert à la loi!

Reprenons un sujet que nulle voix n'ébauche,
De ces vils *cabarets*, asiles de débauche,
Et dont le carnaval redouble les horreurs,
Oserons-nous fixer l'impudent athéisme,
Les crapuleux plaisirs, le révoltant cynisme
      Et les sataniques fureurs?

Oh! non; l'air de ces lieux, si pure que soit l'âme,
Y pourrait imprimer un souvenir infâme.
Chez les pestiférés passerait-on en vain?
L'antre déborde... où vont ces masses corrompues
De bandits forcenés et de femmes repues
      De rage, de boue et de vin?

Où vont-ils? A ces jeux que le bourreau prépare!
Mais que vois-je au milieu de ce groupe bizarre,
Qui du faible passant se pose l'agresseur?
Barbillon, *Tortillard*, le terrible *Squelette*,
Nicolas qui bondit pour voir tomber la tête
      Et d'une mère et d'une sœur!

Répétons-le : malgré ta vigoureuse touche,
Malgré ces traits de feu jaillissants de ta bouche,
De Callot, de Rambrandt il te faudrait la main
Pour nous représenter ces hurlements sauvages,
Cette audace sans frein, ces atroces visages
      Qui ne montrent *plus rien d'humain*.

Même sous ton appui, devant cette *crapule*,
De honte, de frayeur mon pied hardi recule ;
Ouvre-moi quelque issue à travers ces clameurs.
Comment notre Paris, ce monarque du monde,
Roule-t-il cette écume épouvantable, immonde
  Dans l'océan de ses splendeurs ?

Quoi ! Thémis s'assoupit quand la horde du crime
Aux fêtes du trépas effrontément s'escrime !
Elle n'aperçoit pas, dans ce sale appareil,
Ce monstre possédé d'une intrépide envie
Qui la nargue, qui hurle : *Ou la bourse ou la vie !*...
  En face de notre soleil !

Et vous, que Dieu posa pour nous servir d'égide,
Magistrats, vous riez sous un dôme splendide
Tandis que de brigands nous sommes le jouet !
Magistrats, au devoir !... Mais, qui fend la bagare ?
Courrier de Gerolstein, au lieu de crier : *Gare !*
  Hache leurs fronts de ton fouet !

Dans ce dévergondage et dans cette furie
Pourquoi donc entraîner et *Rodolphe* et *Marie ?*
D'un bouclier d'amour je veux les entourer,
Et ma faiblesse, hélas ! augmente mon supplice.
Ils sont perdus, mon Dieu, si ta sainte milice
  Ne s'arme pour les délivrer !

Chourineur, c'est à toi qu'ils devront l'existence.
J'attendais cet élan de ta noble constance.
Verrais-tu donc ici ton rêve s'accomplir?...
Que ne puis-je émousser le poignard du *Squelette!*
Mais au monde il n'est rien que ton âme regrette;
    Pour Rodolphe, tu vas mourir!

Ce pauvre *Chourineur* que Rodolphe abandonne,
Qu'il me fait peine à voir! Qu'importe qu'on lui donne
Des terres, du métal, du *cœur* et de l'*honneur?*
S'immoler sans partage au profit de son maître,
A ses moindres désirs *comme un chien* se soumettre;
    Pour lui, jamais d'autre bonheur!

Rodolphe! son regard veut te revoir encore,
Son bras cherche le tien; il soupire, il t'implore...
Monseigneur, faites-lui l'honneur de votre main!
Rodolphe, quel moment! ton *Chourineur* succombe!
Tente, pour l'arracher aux glaces de la tombe,
    Oh! tente un effort surhumain!

A cette heure, d'où vient que, *pâle, épouvantée,*
Marie à ton *ogresse* est encore jetée?
Je souffre, je me meurs de son saisissement;
Je la prends dans mes bras, je voile sa paupière :
Et je veux enlever de sa noble carrière
    Tout lugubre pressentiment...

Paris n'était point fait pour vous, âmes d'élite !
Que votre pur essor au loin se précipite :
De nos plus tendres vœux nous sèmerons vos pas.
Puissions-nous de vos fronts écarter les nuages,
Puissent vos noms bénis régner sur des rivages
    Moins corrompus que nos climats !

En suivant votre char, ô *Rodolphe*, ô *Marie*,
J'entends à chaque instant mon âme qui vous crie :
Un cœur manque à vos cœurs, une aile à votre essor...
Au milieu des écueils, quoi ! vous laissez *Clémence !*
Sur la terre où pour vous tant de bonheur commence
    Vous deviez porter ce trésor !

Pour nous, habitués à vivre de vos charmes,
Quel pénible départ, que d'ennuis, que de larmes !
Loin de vous plus d'espoir dans l'avare destin !
J'étouffe un mot cruel qui sur ma lèvre expire...
Non, l'éternel adieu, je ne saurais le dire,
    Mais au revoir à Gerolstein !

XVII.

Sur cette heureuse plage où l'espérance brille,
Moi, je courais déjà vers *Rodolphe* et sa fille ;
Tant de les retrouver mon œil était certain.
Puis un couple d'amis, étoiles de la terre,
Traverse mon élan et parle avec mystère
      De la *perle de Gerolstein*.

Marie, elle répand les bienfaits sur ses traces ;
Tout bénit ses vertus, tout adore ses grâces.
Ce culte universel, j'avais su le prévoir :
Mais ce n'est point assez que le monde l'encense ;
Après tous les ennuis d'une si longue absence,
      J'ai tant besoin de la revoir !

Marie, où la trouver ? dites, je vous supplie·
Marie, à Gerolstein on l'appelle *Amélie*.
— Sous ce titre nouveau l'aimerons-nous toujours ?
— Toujours elle sera digne de nos louanges ;
Toujours on la prendrait pour une sœur des anges
      Ou pour la reine des amours.

Marie, elle n'est pas de ces êtres futiles
Qui changent à tout vent de visage, de styles,
Dont la prospérité glace ou bronze les cœurs.
Si son front à la cour de splendeur se couronne,
L'entendez-vous, à ceux que la peine environne,
      Dire : Mes amis et *mes sœurs?*

Laissez-moi traverser ces pompeux équipages,
Ces lustres scintillants, ces phalanges de pages,
Ces immenses bassins où l'onde prend l'essor,
Ces frais buissons de fleurs, ces royales livrées,
Cet essaim de héros et de femmes parées,
      Et ces lambris de pourpre et d'or!

Laissez-moi regarder ces courtisans sans nombre,
Égoïstes si fiers, qui passent comme l'ombre
Si le dieu d'aujourd'hui devient homme demain!
Laissez-moi circuler dans cette foule avide,
Redescendre en mon cœur, soupirer sur le vide
      Des songes de l'esprit humain!

Ils m'ont enfin rendu la princesse *Amélie*,
Son œil plein de douceur et de mélancolie,
Son attrait idéal, son sourire charmant.
Voici *le gros bouquet d'œillets blancs et de roses*
Que sa royale main, aux gracieuses poses,
      Effeuille machinalement.

D'où vient qu'elle paraît *rêveuse, presque triste?*
Est-ce qu'en sa douleur toujours elle persiste?
D'où vient cet air pensif et cette gravité?
Objet de tous les vœux, et si jeune et si belle,
Presque reine ici-bas, de quoi rêverait-elle
  Si ce n'est de félicité?

La céleste *Amélie*, elle n'est pas sans doute
De ces cœurs inquiets que le calme redoute,
A qui l'ambition livre mille combats,
Que le besoin d'aimer assombrit et consume,
Qui partout, qui toujours sentent, gros d'amertume,
  Qu'ils sont ESSEULÉS *ici bas!*

Mais, pourquoi rougit-elle? est-ce que dans son âme
L'amour éveillerait une secrète flamme?
Je tremble au bruit lointain d'un présage cruel...
Oserais-tu l'aimer, toi que brave on surnomme?
Un sentiment terrestre et surtout un cœur d'homme
  Ternirait cette fleur du ciel.

Et toi, dont l'œil puissant sur son avenir plane,
Eugène, garde-la de tout souffle profane;
D'innocence et de paix que ses jours soient tressés;
Que le portrait vivant qui frappe sa mémoire
Ne demeure à ses yeux qu'un fantôme illusoire,
  Que *son cousin des temps passés!*

D'un rigoureux destin s'apaise la furie.
Vous voici parvenus, ô *Rodolphe*, ô *Marie*,
Au faîte du bonheur, tout vient me l'assurer.
Clémence que mon vœu se fatiguait d'attendre,
La voici près de vous. De votre cœur si tendre
      Que j'avais tort de murmurer!

Anges de Gerolstein, que rien ne vous sépare;
Jouissez des faveurs que le sort vous prépare,
Soyez chéris des cieux et du monde applaudis :
Conservez la bonté pour fidèle compagne;
Que toujours vos États de l'heureuse Allemagne
      Soient l'orgueil et le *paradis!*

Laissez-moi savourer cette page divine
Où l'amour de *Henri*, de peur qu'on le devine,
Se cache sous les traits de la pure amitié.
Henri! que de l'amour l'amitié te console :
Ici, que par le temps, qui trop vite s'envole,
      Je voudrais te voir oublié!...

Mais de brusques signaux, ainsi qu'une tempête,
De vos cœurs fraternels interrompent la fête.
Quand le devoir commande il lui faut obéir.
Le devoir et l'amour peuvent-ils se connaître?...
Amour si plein d'attraits, que d'ennuis tu fais naître!
      Aimer, hélas! c'est donc souffrir!

Qu'ils sont doux, ces accords où la voix est muette,
Dont l'admirable Liszt se pose l'interprète !
Mon cœur comme leur cœur d'ivresse est palpitant
A cette mélodie, ineffable symbole,
Où *la pensée alors devient une parole*
  Qu'on met sur l'air que l'on entend.

Mais, toi, dont tout le cœur pour le bonheur existe,
Tu n'as point de parole à chanter d'un air triste,
Amélie !.. A ces mots quel poignant souvenir !...
Vous tous qui possédez une heureuse ignorance,
Des heures du passé, de notre belle France,
  Oh ! cessez de l'entretenir.

Eugène, d'où vient donc que ta touche si mâle
Nous semble tout-à-coup et si froide et si pâle !
Que sont-ils devenus, tes sauvages transports,
Et tes élans de flamme, et ton fougueux génie ?
Ici ne sent-on pas que de la Germanie
  Ta muse traverse les bords ?

Vers ceux que nous aimons encore un doux sourire :
Puis à tes cris sanglants je remonte ma lyre ;
Je revole planter mon drapeau dans tes camps.
Dans la sécurité comme l'âme s'altère !
Eugène, je te suis ; retournons sur la terre
  Des tempêtes et des volcans.

De ton vol moins hardi, Dieu ! que ma muse est lasse !
Oui, j'ose l'avouer, quand ta main nous enlace,
On voudrait aux enfers s'élancer sur tes pas ;
Et, toujours altéré de ta sombre magie,
Même au prix de ses jours, vaincre une léthargie
    Plus horrible que le trépas !

Mais auprès d'*Amélie* à cette heure je reste.
Hélas ! sur elle encor plane une ombre funeste.
A l'aspect de l'aurore empreinte de fraîcheur,
Des zéphyrs caressants, de la verte colline,
Se peut-il, ô mon Dieu ! que sa tête s'incline
    Sous le poids de quelque malheur ?

Parle ! de ton chagrin raconte-nous les causes ;
Amélie, ange aimé, prends ce buisson de roses,
Prends donc cette moisson de présages heureux,
Et contemple en riant ton avenir prospère.
Amélie ! oh ! pour toi, pour nous et pour ton père
    Chasse ces rêves douloureux !

Tu *pleures !...* et la joie en tous lieux te réclame.
Au lieu de sangloter, de nous torturer l'âme,
De *garder les débris de ton petit rosier,*
Fuis le spectre importun qui t'obsède sans cesse :
Le passé !... mais ton père, à force de tendresse,
    A dû te le faire oublier.

De ce *passé* cruel, dont le fardeau l'accable,
Ainsi que tu l'as dit, *est-elle responsable?*
La justice d'un Dieu ferait-elle expier
Des fautes dont le cœur conserve l'innocence?
Alors nous douterions de la toute-puissance ;
    Nous voudrions la renier !...

Et quand donc, juste ciel, sera-t-elle tarie,
L'incessante douleur de ta *Fleur-de-Marie?*
Elle nous désespère et nous met en courroux.
Eh ! que font ces remords, ces *regards de l'ogresse,*
Quand du titre de fille et du rang de princesse
    Son cœur doit être si jaloux !

Pleine de confiance en ton heureuse étoile,
Aux vents de Gerolstein je dépliai ma voile ;
Et, qu'y vois-je? partout des orages gronder !
Oui, j'ose murmurer... mais dépose ta foudre;
Eugène, viens plutôt me sourire et m'absoudre
    Par mon courage à te fronder !

J'exhale de nouveau ma voix mal contenue,
Quoi ! de Marie encor la plainte continue !
Et, dans ces mots de fer : *Jamais!.. jamais!...* je crois
Entendre un réprouvé; quand c'est le cri d'un ange
Que Dieu laissa tomber dans la terrestre fange,
    Mais pour lui rendre tous ses droits.

Toujours, toujours pleurer, redire même chose,
Se pâmer, tressaillir, sans véritable cause,
N'est-ce pas se montrer indigne de pitié?
Puisque Henri l'adore et que tant elle l'aime,
Que d'amour et d'hymen le double diadème
      Voile un passé trop expié!

Mais la voici debout, *droite, pâle*, admirable
De *cette majesté d'un malheur incurable!*...
Quel serment!... et le jour lui prête son flambeau!
Nos chagrins, ô Marie! irais-tu les accroître?
Princesse idolâtrée, irais-tu dans un cloître....
      Descendre vivante au tombeau?

Non, non, tu ne pourrais, tu serais trop ingrate...
On dirait que j'entends, quand notre amour se flatte
De te faire trouver l'*oubli dans le bonheur*,
Les hymnes du cercueil vibrer à mon oreille,
Et que l'éternité d'un songe me réveille,
      Pour m'entr'ouvrir sa profondeur?...

Et son père et sa mère, Eugène aussi lui-même
Lui laissent revêtir cet effroyable emblème!
Moi, je brise ces vœux, ces tourelles d'airain;
Moi, je veux lui porter des paroles de flamme
Qui raniment l'espoir, qui sur les maux de l'âme
      Versent un baume souverain.

XVIII.

Six mois se sont passés. J'ai vu... plus d'espérance!..
De son propre malheur la fatale assurance,
Et la *blancheur du marbre* empreinte sur sa chair!
J'ai vu son front divin inhumé sous la bure,
Et *ses beaux cheveux blonds*, douce et chaste parure,
   Tomber, détachés par le fer!

Pendant qu'un peuple entier jetait un cri de grâce,
J'ai vu de vieux soldats, plus durs que leur cuirasse,
Escorter de sanglots cette fille des rois!
Et j'ai vu tous les cœurs se fondre auprès des nôtres,
Tandis qu'elle restait, pour le crime des autres,
   Repentante au pied de la croix!

Puis, d'une froide nuit, traversant l'intervalle,
Je la vis se roidir, succomber sur la dalle;
Je vis flotter son âme aux portes du trépas!
Et, malgré la raison et malgré la nature,
Je la vis s'imposer une horrible torture
   Que le ciel ne demandait pas!

Je la vis renoncer à sa mère, à son père,
Repousser les élans qui lui criaient : Espère !
Les devoirs les plus saints, les plus doux sentiments,
Pour joindre à ses beaux jours une lugubre trame,
Pour trahir le destin, pour consumer son âme
    D'ascétiques ravissements !

Que répondre à cela ?... ce que chacun réplique :
— Plus de rêve insensé, plus de fièvre mystique ;
De mes droits, chère enfant, votre père est jaloux.
Je veux entre mes bras vous bercer, ô ma fille !
Oui, je veux sur un trône, au sein d'une famille
    Vous rendre heureuse malgré vous !

D'une fausse logique inexorable apôtre,
Tu dis que, *sa conduite, elle eût été la nôtre ;*
Qu'*à son noble scrupule elle dut s'immoler !*
Quand tu parles ainsi tout mon être s'irrite,
Et, de mon humble sort franchissant la limite,
    De mes dards j'irais te cribler !

Je n'aime pas à voir une candide fille
Briser obstinément ses liens de famille,
Et dans un saint cachot à jamais se bloquer.
N'est-il pas d'autre base où le salut se fonde ?
N'est-il pas à toute heure aux régions du monde
    Assez de bien à pratiquer ?

Comme un enfant, on sait que ton *Rodolphe* pleure,
Qu'avec anxiété ses yeux mesurent l'heure,
Qu'il expire à l'aspect de ce funèbre vœu....
Plaignez-moi, nous dit-il. Eh qui pourrait le plaindre!
Désolée, expirante, au lieu de nous la peindre,
    Qu'il l'arrache donc de ce lieu!

A travers ce courroux quelles sont mes alarmes!
Mon front est abattu, mon cœur est gros de larmes;
Je tente vainement des efforts surhumains.
Aux marches de l'autel tremblante je me poste...
Eugène, donne-moi, devant cet holocauste,
    Le corps de fer des vieux Germains!

Tout est fini..... mon Dieu! quelle affreuse nouvelle!
Quelle vaste douleur au monde se révèle!
Fleur-de-Marie... est morte... oui, *morte, entendez vous?*
Là de tristes lueurs sillonnent la paupière,
Là pleurent des récits à fendre un cœur de pierre,
    Ici l'on sanglote à genoux.

Et morte pour toujours! et *dix-huit ans à peine!*
Et la beauté d'un ange, et le sort d'une reine!..
Ils l'ont tuée à force et de trouble et d'émoi!
Sa prière touchante et par le ciel bénie,
Ses regrets, ses adieux, ses legs, son agonie
    En traits de feu vivent en moi!

Elle est là, toujours là sur son lit funéraire...
A ma mère pardon, pardon à mon bon père,
Cet élan de son âme, hélas! fut le dernier!
Son père, qui toujours à la veiller s'obstine,
Détache de ses bras, croisés sur sa poitrine,
  Les débris du petit rosier.

Oh! dans mon sein brûlant je cache mon visage;
Je m'égare, je crois ressaisir un présage....
Je veux, contre le sort, la ravir au trépas,
Lui rendre son bonheur, son amour indicible...
Mais je ne presse plus qu'un objet insensible
  Que le cœur ne réchauffe pas !

Eugène, sous tes coups il faut donc qu'elle meure !
Et tu veux qu'à tes lois fidèle je demeure,
Que j'aille par le monde encenser ton renom !
Ah ! plutôt expirer ! faux dieu, je te renie ;
J'abjure tes concerts, j'abhorre ton génie,
  Et je maudis jusqu'à ton nom !

Qu'ai-je dit ? va ; ces mots, mon âme les regrette,
Va, ton étoile encor sur mon front se reflète,
Et devant tes arrêts je m'incline... il le faut !
Et ma plume redit, quand la tienne nous blesse :
Quel ciel est sans vapeur, quel homme est sans faiblesse,
  Et quel génie est sans défaut ?...

FIN.

AVIS.

L'éditeur des *Mystères de Paris* a pensé que le public lirait avec intérêt un jugement littéraire sur ce important ouvrage. Les journaux de la capitale, au milieu des préoccupations de la politique, n'ont pu jusqu'ici se livrer à un examen complet du seul livre qui, de nos jours, ait sans partage occupé l'opinion publique et se soit attiré les suffrages de toutes les classes de la société.

— Les journaux des départements sont depuis une année remplis soit d'examens consciencieux des *Mystères de Paris*, soit de citations plus ou moins étendues. L'éditeur s'est vu dans la nécessité de faire un choix au milieu de cent articles qui n'auraient pas déparé certains de nos grands journaux, et son choix a porté sur le travail de M. Eugène Woestine, jeune littérateur d'Orléans, qui avait publié les articles qui le composent, dans *le Foyer*, journal d'Orléans, dont il est le rédacteur en chef.

LES MYSTÈRES DE PARIS.

(Extrait du Foyer, journal publié à Orléans.)

PREMIER ARTICLE.

La publication de ce nouvel ouvrage de M. Sue a mis en émoi toute la presse parisienne, et, sauf de rares exceptions, l'opinion de cette bonne dame qui a nom la Presse n'a pas été favorable au roman. L'argot l'a effarouchée, les hôtes terribles du tapis-franc l'ont effrayée, et elle s'est dépêchée de murmurer ses patenôtres en égrenant son chapelet. Pauvre femme, sa pudeur s'est alarmée! et elle est venue au confessionnal de l'opinion publique avouer benoitement qu'elle avait péché en lisant ce livre *infâme* et demander l'absolution pour cette faute.

Nous croyons, nous, et cela, sauf meilleur avis, que la presse a eu un très-grand tort en ne s'occupant pas sérieusement d'un ouvrage profondément philosophique en dépit de son enveloppe romanesque. Mon Dieu! que M. Lauzanne entasse une pyramide de calembours sur le nez monumental d'Hyacinthe ; que M. Duvert larde le ventre de Lepeintre jeune de ses joyeuses saillies, et vite le feuilleton s'ouvre au compte-rendu, il lui abandonne ses neuf colonnes pour un chétif acte, et il n'a consacré au livre de M. E. Sue que quelques pauvres entre-filets pleins de lazzis de mauvais goût et de triviales plaisanteries. *La Phalange* seule, ou à peu près, analyse un à un les chapitres de M. Sue, et, avec cette logique nerveuse qui caractérise ses rédacteurs, fait ressortir tous les hauts enseignements sociaux qui découlent de cette histoire si poignante, si douloureuse.

Nous n'entrerons pas dans les mille détails des *Mystères de Paris*. Il est bien peu de personnes qui ne les aient lus aujourd'hui. Nous nous bornerons à examiner leur côté moral.

M. Sue, comme on l'a assez niaisement avancé, ne cherche pas à montrer que les assassins, les voleurs, les filles perdues, toute la hideuse population, enfin, du bagne, de la prison et du lupanar sont les plus honnêtes gens du monde, qu'on devrait accorder le prix Monthyon à ceux-là et couronner celles-ci rosières. Non! et différents extraits de son livre en convaincront facilement quiconque n'ajouterait pas foi à nos paroles.

« Ne peut-on croire que certains principes de mo-
» ralité, de piété, pour ainsi dire innés, jettent en-
» core quelquefois çà et là de vives lueurs dans les
» âmes les plus ténébreuses? Les scélérats tout d'une
» pièce sont des phénomènes assez rares. »

C'est là une idée consolante et que MM. Hugo et de Balzac ont largement exploitée, tant à la scène que dans le roman; hâtons-nous de dire que certains feuilletonistes ineptes leur avaient adressé ce même reproche qu'ils font encore aujourd'hui à M. Sue, et certes il y a chez celui-ci beaucoup de courage à entrer après Hugo et Balzac dans cette léproserie morale et physique que le pudique feuilleton a marquée de la croix rouge des pestiférés.

Cependant, nous le demanderons à tous ceux qui jugent froidement, n'y a-t-il pas dans les lignes suivantes de grandes vérités capables d'attirer l'attention du philanthrope, et, nous dirons plus, de la société.

« Pour ne tromper personne, je dis que je sors de
» prison depuis deux mois et que j'ai bonne envie de
» travailler; on me montre la porte. Je demande de
» l'ouvrage à emporter, on me dit que je me moque
» du monde en demandant qu'on me confie seulement
» une chemise. »

« Les bourgeois ne veulent jamais employer un
» forçat, ils ont raison, c'est pas là qu'on couronne
» des rosières. »

En effet, dans notre société, l'homme qui a failli n'est pas lavé de son crime après l'accomplissement de sa peine. « Le coupable, a fort bien dit M. de Balzac,
» se relève aux yeux de Dieu, jamais à ceux des
» hommes. » On repousse le criminel; en vain il vous dit : L'expiation doit avoir effacé la faute ! on se bouche les oreilles et on lui crie avec dégoût : Va-t'en ! Que fera-t-il ? L'instinct de sa propre conservation, la faim, cette mauvaise conseillère, étoufferont en lui le remords, le souvenir du châtiment, et il volera de nouveau, car il faut manger. Le Chourineur le dit avec beaucoup de raison.

« Mais, c'est égal, mes parents m'ont joué une
» mauvaise farce en me mettant au monde... Je ne
» m'en plaindrais pas si encore ils m'avaient fait comme

» le *Meg des megs* (Dieu) devrait faire les gueux,
» c'est-à-dire, sans froid, ni faim, ni soif : ça ne lui
» coûterait rien, et ça ne coûterait pas tant aux gueux
» d'être honnêtes. »

Quand par hasard le coupable qui a subi sa peine trouve dans les plus vils et les plus pénibles travaux, les seuls qui lui soient permis par l'absence d'ouvriers, de quoi gagner un salaire de quinze à vingt sous par jour, il lui faut là-dessus subvenir à tous ses besoins, peut-être à ceux d'une famille !... N'est-ce pas une chose horrible à penser ! et cependant le moindre délit, le vol d'un pain qu'attendent peut-être à la nuit tombante ses enfants pour leur premier repas, peut lui ouvrir les portes de la prison, et la prison pour lui, c'est un morceau de pain matin et soir, et un toit pour s'abriter.

« Rodolphe sentit que le pauvre qui restait honnête
» au milieu des plus cruelles privations était double-
» ment respectable, puisque la punition du crime
» pouvait devenir pour lui une ressource assurée....

» Dame ! tu penses, dans la prison... j'avais à man-
» ger; on ne me battait pas, c'était pour moi un
» paradis auprès du grenier de la Chouette. »

Voilà ce que dit M. Sue, et, quoiqu'elle soit triste et amère, cette parole n'en est pas moins une vérité. Oui, il est, de par le monde, des misères si lourdes, si affreuses, qu'on leur préfère la prison, et, en effet, la paille d'un cachot est plus chaude que le pavé de la rue, et le pain noir de la geôle vaut mieux que le jeûne du vagabondage.

Plus loin, M. Sue aborde une question d'une aussi haute importance.

« L'homme qui vit honnête au milieu des gens
» honnêtes, encouragé par leur estime, mérite inté-

» rêt et appui ; mais celui qui, malgré l'éloignement
» des gens de bien, reste honnête au milieu des plus
» abominables scélérats de la terre, celui-là aussi mé-
» rite intérêt et appui. »

Il n'est que trop vrai, la société ne veut plus de celui qu'elle a repoussé ; à lui l'isolement, et cependant il se repent ; peut-être effacerait-il au contact d'hommes probes, intègres, bons et purs, les dernières traces de ses souillures passées, mais il ne peut espérer d'arriver là, et comme il a besoin d'une compagnie, d'un ami, il va chercher l'une et l'autre dans la classe de ses pareils. Alors, dites-moi, si cet homme ne se corrompt pas de nouveau, s'il ne se rattache pas au crime, s'il reste pur dans la sentine boueuse où une première faute l'a poussé, mais d'où le remords aurait dû le retirer, car la honte finit là où le repentir et l'expiation commencent, dites-moi si M. Sue n'a pas raison d'avancer que cet homme *mérite intérêt et appui.*

Hélas ! que de pitié pourtant devraient inspirer certains criminels ! la misère étouffe les bons sentiments et fait surgir les mauvais instincts, et s'il est des jours où l'ouvrage manque, la faim ne manque jamais.
« Avec deux cents francs devant lui, un ouvrier n'est
» jamais aux crochets de personne, jamais embar-
» rassé.... et c'est bien souvent l'embarras qui vous
» conseille mal. » Que de malheureux n'ont pas ces deux cents francs !

La Goualeuse, cette pauvre Fleur-de-Marie, dévoile une misère bien plus hideuse encore.

« Honnête ! mon Dieu ! et avec quoi donc veux-tu
» que je sois honnête ? Les habits que je porte appar-
» tiennent à l'ogresse ; je lui dois pour mon garni et
» pour ma nourriture... Je ne puis pas bouger d'ici...

» elle me ferait arrêter comme voleuse... Je lui ap-
» partiens... il faut que je m'acquitte!!!... »

Voilà ce qu'on ne sait peut-être pas assez, que ces malheureuses filles, folles de leur corps, une fois tombées dans la fange, ne peuvent plus se relever; elles ont abaissé leur pudeur sous un joug qui, chaque jour, devient plus pesant. Et ici il est bon de dire que rarement cet oubli de la sainte pudeur a été une chose calculée. Encore et toujours la misère. On a cédé à un premier amour, un père pour châtier une première faute a maudit et chassé la coupable. Deux seules portes lui sont ouvertes : la prostitution et le suicide, deux crimes : on ne meurt pas à seize ans; si obscur que soit votre ciel, l'illusion y glisse toujours un rayon d'espérance. Il ne reste donc que la prostitution, et alors d'infâmes marchés se passent où l'on est lié pieds et poings. On est sur la pente, *il faut* tomber, et il ne reste plus à ces pauvres déchues qu'à murmurer avec Fleur-de-Marie :

« Cela vous étonne que j'aie de la honte... pour
» après ma mort... Hélas! mon Dieu.... on ne m'a
» laissé que celle-là. »

Avant de clore ce premier article, constatons l'immense succès obtenu par les *Mystères de Paris*. Le grand monde, le monde que M. Walewski a voulu nous peindre au Théâtre-Français, s'est emparé des expressions *argotiques* en usage au tapis-franc, et il n'est en rien étonnant d'entendre dans un noble salon quelque grande dame demander à ses amies :

« Mes *goualeuses*, ne nous *goualerez*-vous pas une
» de vos *goualantes*. »

S'il nous était donné à nous, pauvre bohémien de la littérature, d'égarer nos gros souliers sur les tapis de ces salons, nous dirions à ces dames : Riez de l'originalité du livre, mesdames; mais secourez, vous qui êtes riches, les infortunes qu'il vous dévoile.

DEUXIÈME ARTICLE.

L'utilité et l'abus de la peine de mort ont été si admirablement traités par Beccaria, dans son livre *des Délits et des Peines,* que sans nous appesantir sur cette grave question nous ferons observer seulement que les effets salutaires de la peine de mort sont au moins niables.

« Il n'est pas bon au peuple de voir le condamné
» badiner avec le couperet, narguer le bourreau et
» souffler en ricanant sur la divine étincelle que le
» Créateur a mise en nous... c'est quelque chose de
» sacré que le salut d'une âme. » « Tout crime s'expie
» et se rachète, a dit le Sauveur, mais pour qui veut
» sincèrement expiation et repentir. Du tribunal à
» l'échafaud le trajet est trop court. »

Ces paroles donnent à réfléchir au penseur. Dans la même année, Orléans a vu Serein, Faiziant, la femme Henry et Montely! Serein qui a tué deux petites filles après avoir assouvi sur elles sa brutale passion; Faiziant qui a empoisonné son vieux père; la femme Henry qui a empoisonné son mari, et Montely qui a coupé le cou au garçon de banque Boisselier. Et cependant l'échafaud s'était dressé, la justice humaine avait frappé. La crainte de la mort, l'appréhension de ce châtiment suprême n'ont donc qu'une bien faible puissance, puisque dans une ville où, grâce au ciel, ces hideux spectacles sont rares, on les a vus se renouveler quatre fois en moins d'un an.

Nous pourrions aller chercher d'autres preuves,

si nous ne voulions arriver de suite au nouveau mode de châtiment proposé par M. Sue. Il crève les yeux au criminel, en lui disant :

« Tu as criminellement abusé de ta force... je para-
» lyserai ta force... les plus vigoureux tremblaient
» devant toi, tu trembleras devant les plus faibles...
» Assassin... tu as plongé des créatures de Dieu
» dans la nuit éternelle... les ténèbres de l'éternité
» commenceront pour toi en cette vie...aujourd'hui...
» tout à l'heure... ta punition enfin égalera tes cri-
» mes... Mais, ajouta Rodolphe avec une sorte de
» pitié douloureuse, cette punition épouvantable te
» laissera du moins l'horizon sans bornes de l'expia-
» tion...je serais aussi criminel que toi si, en te pu-
» nissant, je ne satisfaisais qu'une vengeance, si juste
» qu'elle fût... Loin d'être stérile comme la mort, ta
» punition doit être féconde ; loin de te damner, elle
» peut te racheter !.. Si, pour te mettre hors d'état
» de nuire, je te dépossède à jamais des splendeurs
» de la création, si je te plonge dans une nuit impé-
» nétrable... seul... avec le souvenir de tes forfaits...
» c'est pour que tu contemples incessamment leur énor-
» mité. Oui, pour toujours isolé du monde extérieur,
» tu seras forcé de toujours regarder en toi... et alors,
» je l'espère, ton front bronzé par l'infamie rougira
» de honte. »

Plus loin, l'auteur montre avec une sauvage énergie les terribles résultats de ce terrible châtiment. Le *Maître d'école*, cet épouvantail de la Cité, ce géant dont le nom seul faisait frissonner, est à la merci d'une vieille femme et d'un enfant. Heureux de son infirmité, la Chouette et Tortillard aiguillonnent l'orgueil de cet homme, si fier de sa force herculéenne, par d'infâmes et sanglantes plaisanteries ; ils le menacent de l'abandonner au froid d'une nuit d'hiver, dans les champs, et, quoiqu'ayant la rage au cœur, l'aveugle est obligé de se soumettre à leurs humiliantes conditions et de demander pardon, lui, le Maître d'école, à cette femme et à cet enfant qu'il aurait pu autrefois écraser dans sa main. Certes, voilà pour cet homme une peine immense, écrasante, digne de ses crimes.

La mort du criminel ne venge pas la société, matériellement parlant, elle la purge d'un mauvais membre. Cette élimination est le seul but où conduise l'échafaud ; et puis la peine de mort répugne à beaucoup ; les jurés reculent quand il s'agit de briser ce que Dieu a créé et ce qu'ils ne sauraient rétablir ; la crainte d'une erreur comme celle qui a coûté la vie à Lesurques, la peur de rêver du sang innocent injustement répandu et plus encore ce sentiment instinctif qui se trouve au cœur de tout homme de bien et qui se révolte à l'idée de tuer une créature de Dieu, font admettre les circonstances atténuantes. Le bagne reçoit le condamné, mais il est rare que les grilles soient assez solidement scellées pour empêcher une évasion ; alors la société se trouve menacée dans ses biens et dans sa vie.

L'aveuglement la purgerait à l'égard de la peine de mort et plus complétement au même cas ; il est, comme l'enfer de Dante, sans espérance. De plus, il offrirait le moyen de remplacer en partie, et raisonnant toujours au point de vue matériel, ceux que le crime aurait frappés : il est de ces travaux purement mécaniques et régulièrement organisés qui ont assez du bras. Maintenant, dans une sphère plus large et plus noble d'idées, *l'aveuglement* nous semble préférable encore à la peine de mort, parce qu'il permet à la société d'arriver à ce terme élevé que Dieu lui a assigné : moraliser !

L'homme séparé du reste de la création, mis dans l'impossibilité de nuire de nouveau, condamné à traîner jusqu'à la fin la peine de son crime, partant à ne jamais l'oublier, se laisserait peut-être un jour toucher par le repentir! Quel triomphe! quelle joie! avoir reconquis à la vertu, aux bons sentiments, un cœur corrompu par le vice et les mauvais instincts. Cela ne vaudrait-il pas mieux que ce châtiment d'un instant qui ne laisse pas l'heure des remords sonner à l'oreille du coupable? Si! nous le disons avec une profonde conviction, et nous hâtons de nos vœux le jour où des voix plus éloquentes et des plumes plus habiles traiteront sous toutes ses faces cette importante réforme.

TROISIÈME ARTICLE.

A propos de nos deux précédents articles sur *les Mystères de Paris*, on nous a fait un assez singulier reproche. Ces lignes ont le grand tort, a-t-on dit, d'avoir été écrites par un jeune homme de vingt ans! Bon Dieu! qu'importe l'âge s'il s'y trouve d'hasard une bonne vérité?.. C'est une chose du reste que nous n'eussions pas relevée, si nous n'avions encore pendant quelque temps à traiter le sujet sérieux qui nous occupe aujourd'hui. Cela dit, commençons.

Après la misère honteuse, fille du vice, voici la misère honnête, fille du malheur ; nous quittons le bouge du Lapin-Blanc et montons dans les combles, chez Morel, ouvrier lapidaire *en vrai*. Que triste et douloureux est le spectacle de cette mansarde ; dans un coin, l'aïeule idiote qui hurle la faim ; dans un autre, la pauvre mère alitée que la fièvre glace; puis, au milieu, une paillasse *dans laquelle* sont couchés quatre malheureux enfants n'ayant pour toute couverture que la toile mince de la paillasse ; enfin, à côté, sur un escabeau, le père qui ne dort pas, mais qui *dormaille*.

« Personne ne repose, car la faim et le froid tien-
» nent les yeux ouverts, bien ouverts. On ne sait pas
» combien est rare et précieux pour le pauvre le
» sommeil profond, salutaire dans lequel il répare ses
» forces et oublie ses maux. Il s'éveille si allègre, si
» dispos, si vaillant au plus rude labeur, après une
» de ces nuits bienfaisantes, que les moins religieux,
» dans le sens catholique du mot, éprouvent un vague
» sentiment de gratitude, sinon envers Dieu, du moins
» envers... le sommeil ; et qui bénit l'effet, bénit la
» cause. »

Pauvres gens ! ils ne dorment pas, et cependant si le sommeil descendait sur eux, une heure seulement, que cette heure leur apporterait d'oubli, de bonheur ! oublier ses maux, c'est presque être heureux.

Pauvres gens ! ils ont faim, ils ont froid, et il y a là sur l'établi des diamants dont le plus petit leur assurerait du pain et du feu pour toute leur vie. Morel le sait, mais la pensée du vol ne souille pas un instant son esprit. Il a cette vertu qui honore tous les hommes mais qui sanctifie le pauvre, la probité !

« Sans doute, il fait son devoir... simplement son
» devoir d'honnête homme ; mais parce que ce devoir
» est simple, son accomplissement est-il moins grand,
» moins beau ? Les conditions dans lesquelles s'exerce
» le devoir ne peuvent-elles pas d'ailleurs en rendre
» la pratique plus méritoire encore... Et puis, cet
» artisan, restant si malheureux et si probe auprès
» de ce trésor, ne représente-t-il pas l'immense et
» formidable majorité des hommes qui, voués à ja-

» mais aux privations, mais paisibles, laborieux, ré-
» signés, voient chaque jour sans haine et sans en-
» vie amère... resplendir à leurs yeux la magnificence
» des riches?... »

Oui, il y a quelque chose de grand, de sublime dans la résignation du pauvre ; chaque jour, les splendeurs du riche rayonnent devant ses yeux et lui montrent sa misère plus hideuse ; au coin de la rue où il attend, souvent en vain, une aumône, il voit passer à ses côtés les magnifiques voitures des heureux d'ici-bas ; quand à la porte d'un hôtel il regarde passer ceux que la fête a conviés, des robes de velours, des guirlandes de fleurs, des flots de dentelles frôlent ses pieds nus, et cependant il courbe humblement le front sans murmurer et remercie des yeux et de la voix, avec des larmes et des actions de grâces, l'opulent qui daigne le prendre en pitié. Pauvre orphelin ! déshérité du bonheur terrestre, la vie est pour lui sans soleil, sans parfum, sans limpide source, sans fruits mûrs, il se contente d'attendre et d'espérer.

Nous rencontrons dans cette partie de l'ouvrage de M. Sue une réponse adorable de naïveté.

La femme de Morel dit à ce dernier : « A quoi nous
» servent nos enfants? — A me donner du courage ;
» sans eux, je ne me tuerais pas à travailler. — C'est
» comme moi! sans les enfants, il y a long-temps que
» je t'aurais dit : Morel, tu en as assez, moi aussi ; le
» temps d'allumer un réchaud de charbon, on se
» moque de la misère... Mais ces enfants... ces en-
» fants!... — Tu vois donc bien qu'ils sont bons à
» quelque chose, dit Morel avec une admirable naï-
» veté. »

Ce que l'on éprouve en lisant ces lignes ne se peut

peindre; c'est tout à la fois d'une grandeur et d'une simplicité inexprimables.

Loin de mettre au cœur de Morel une haine farouche pour les privilégiés de ce monde, l'auteur lui fait dire :

« Les riches ne sont pas plus durs que d'autres,
» Madeleine... mais ils ne savent pas, vois-tu, ce que
» c'est que la misère... Ça naît heureux, ça vit heu-
» reux, ça meurt heureux ; à propos de quoi veux-
» tu que ça pense à nous? et puis, je te dis... ils ne
» savent pas... comment se feraient-ils une idée des
» privations des autres? Ont-ils grand'faim, grande
» est leur joie... ils n'en dînent que mieux... Fait-il
» grand'froid, tant mieux, ils appellent ça *une belle*
» *gelée;* c'est tout simple, s'ils sortent à pied, ils ren-
» trent ensuite au coin d'un bon foyer, et la froidure
» leur fait trouver le feu meilleur; ils ne peuvent
» donc pas nous plaindre beaucoup, puisqu'à eux la
» faim et le froid leur tournent à plaisir. Ils ne savent
» pas, vois-tu, ils ne savent pas. »

Cette résignation, nous y croyons parce que nous l'avons trouvée chez deux vieillards que toutes les misères accablaient à la fois. Il y a de cela deux ou trois ans, rue des Curés, derrière l'Entrepôt, dans la maison connue sous le n° 1, habitait un pauvre ménage, le mari et la femme, centenaires tous les deux. Aveugle depuis dix-sept ans, le mari n'avait pour soutien dans ce monde que sa femme, car Dieu, après leur avoir accordé vingt-cinq enfants, les avait tous rappelés à lui! Ils ne blasphémaient pas; ils espéraient ! — Si les bonnes âmes savaient que nous sommes si malheureux, me disaient-ils, on nous soulagerait. — Convaincu de cela, touché de leur résignation, j'écrivis quelques lignes sur cette misère, et, un jour, en entrant dans *la cave* qui servait de réduit à ces malheureux, je trouvai à leur chevet une dame que j'ai revue bien des fois passer dans son équipage, radieuse de jeunesse et de beauté, mais qui ne me parut jamais si belle qu'à cette place, consolant ces pauvres gens qui, pour la remercier de ses bienfaits, baignaient ses mains de larmes, en l'appelant : Ange du bon Dieu!

Oui, Morel a raison, si les riches savaient... car, pour exercer la charité il faut presque chercher la misère! La pauvreté qui s'étale au grand jour, dans la rue, est rarement honnête. La misère réelle, celle qui n'est pas la suite de la fainéantise, de la débauche, du vagabondage, a de la pudeur et ne fait parade ni de ses haillons, ni de sa maigreur.

« Le malheur, ajoute Morel, est encore qu'il y a,
» par exemple, beaucoup d'agents pour découvrir les
» gueux qui ont commis des crimes, et qu'il n'y a pas
» d'agents pour découvrir les honnêtes ouvriers, ac-
» cablés de famille, qui sont dans la dernière des mi-
» sères... et qui, faute d'un peu de secours donné à
» point, se laissent quelquefois tenter... C'est bon
» de punir le mal, ca serait peut-être meilleur de
» l'empêcher... Vous êtes resté probe jusqu'à cin-
» quante ans, mais l'extrême misère, la faim vous
» poussent au mal... et voilà un coquin de plus. »

Voilà une bonne pensée : outre que la bienfaisance est rare, une fortune particulière ne saurait secourir qu'un nombre limité d'indigents. S'il était organisé un service de charité, si dès qu'un ouvrier se trouve arriéré, soit par une maladie, soit par tout autre motif, la société, dont le gouvernement est le premier représentant, lui venait en aide, on le sauverait certainement de la misère. Au contraire, un premier embarras conduit à un plus grand, et cela ne s'arrête qu'à la prison, souvent au bagne, parfois à l'échafaud. Les pauvres n'ont pas comme les riches toutes facilités pour emprunter. Ils n'ont point, eux, d'hypothèques à donner, leur signature n'est qu'une dérision. Quand on leur prête, c'est à gros intérêts et sur gages, et cela parce que les pertes sont nombreuses avec les petites gens et qu'il faut que *les bons payent pour les mauvais*. Les prêteurs sont sans pitié et poursuivent à l'échéance, et, une fois en circulation, son billet revient à l'ouvrier avec un compte de frais qui le triple. Ainsi, sur un billet de 300 francs de capital, un huissier de Paris a fait 964 francs de frais (historique). Le débiteur, ouvrier, père de cinq enfants, est en prison depuis onze mois.

Alors la bonne volonté échoue contre cet obstacle. On est à tout jamais perdu. Prévenez le crime, vous n'aurez pas à le punir.

QUATRIÈME ARTICLE.

M. Sue l'avait promis dans sa préface ; à mesure que nous marcherons, l'air s'épurera autour de nous. Aussi, n'est-ce plus au tapis-franc que nous sommes aujourd'hui, c'est dans un noble salon ; plus de pavés gluants, de murailles lézardées, plus de boue à nos pieds, plus de ces miasmes putrides qui donnent des nausées, mais d'élégantes peintures, des parquets, des tapis, du marbre, du velours, des fleurs. Cependant les misères que nous trouvons dans ce salon ne sont pas moins affreuses que celles du bouge de l'ogresse. La faim et le froid ne passent point cette porte tout émaillée de peintures, tout incrustée d'argent, et cependant les sanglots qu'on entend à l'intérieur ne sont pas moins déchirants, pas moins amers.

Clémence d'Orbigny, malheureuse sous le toit paternel, a consenti à épouser le marquis d'Harville. Ils sont seuls et, dit l'auteur :

..... « Elle se résigne, et puis au lieu d'entendre
» des paroles remplies de reconnaissance, d'amour et
» de tendresse, qui la consolent du bonheur qu'elle a
» donné... elle voit rouler à ses pieds un homme égaré
» qui se tord, écume, rugit dans les affreuses con-
» vulsions d'une des plus effrayantes infirmités dont
» l'homme soit incurablement frappé. »

N'est-ce pas là pour cette jeune fille une épouvantable révélation? Son mari, celui qui doit toujours rester près d'elle, est épileptique! Toute une vie de souffrances et d'angoisses. Épier à chaque instant sur le front de cet homme une ride, un nuage, symptômes de la tempête, trembler à la moindre contraction de son visage, s'effrayer d'un geste, tressaillir devant un regard, avoir peur le jour, avoir peur la nuit, avoir peur sans cesse, et puis, quand l'accès se déclare, que cet homme tombe sur le parquet et s'y débat avec l'affreuse maladie, la bave aux lèvres et le sang aux yeux, n'avoir contre cette folie furieuse que ses larmes et ses prières ; larmes inutiles, prières impuissantes! enfin, entendre la voix de la fatalité bourdonner à son oreille : Voilà ta vie, jeune fille; aujourd'hui ressemble à hier, demain sera comme aujourd'hui. Les jours, les nuits, les mois, les années passeront, mais ta douleur, mais tes tortures ne passeront pas. Souffre, souffre et n'espère point : l'épilepsie est incurable. Souffre, car cette maladie n'est pas mortelle!... Ton mari vivra, vivra longtemps...

« Et ce n'est pas tout... sa fille!... pauvre petit
» ange innocent, est aussi flétrie en naissant... Ces
» douloureux et tristes aveux faisaient naître chez
» Rodolphe des réflexions amères.

» Telle est la loi de ce pays, se disait-il. Une jeune
» fille, belle et pure, loyale et confiante, victime d'une
» funeste dissimulation, unit sa destinée à celle d'un
» homme atteint d'une épouvantable maladie, héri-
» tage fatal qu'il doit transmettre à ses enfants. La
» malheureuse femme découvre cet horrible mys-
» tère?... Que peut-elle?... Rien... »

Si l'infortunée devient mère, si un enfant vient allumer en elle cet amour immense et profond pour la
chair de sa chair et le sang de son sang, oh! dites,
qu'elle devra haïr l'homme qui lui aura rivé ce boulon! En cherchant un sourire sur les lèvres roses ou
dans les yeux bleus de son ange, elle verra la crise
approcher, et le pauvre petit, comme son père, se
débattra dans d'atroces convulsions. Devenu grand,
quelle carrière possible avec cette affreuse maladie?
Comment rêver le bonheur domestique? La douleur
d'un côté et le remords de l'autre veilleraient à son
foyer, de même qu'au foyer paternel. Et la mère voit
tout cela dès le berceau, car l'avenir de l'enfant, c'est le
beau rêve des mères. Pour elle, quelle écrasante réalité!!!

« Et cependant, dit M. Sue, il y a des lois. Ainsi
» achetez un animal quelconque; qu'une infirmité
» prévue se déclare chez lui après l'emplette... la
» vente est nulle... la loi toute-puissante vient délier
» ce qui était lié.

» Cette loi si inexorable à l'endroit des animaux
» boitant, cornant ou toussant; cette loi, si admira-
» blement prévoyante, qui ne veut pas qu'un cheval
» taré soit apte à la reproduction... cette loi se gar-

» dera bien de délier la victime d'une pareille union.
» Ces liens sont sacrés, indissolubles; c'est offenser
» les hommes et Dieu que de les briser.

» En vérité, l'homme est quelquefois d'une humi-
» lité bien honteuse et d'un égoïsme, d'un orgueil
» bien exécrables. Il se ravale au-dessous de la bête
» en la couvrant de garanties qu'il se refuse, et il im-
» pose, consacre, perpétue ses plus redoutables in-
» firmités en les mettant sous la sauvegarde de
» l'immutabilité des lois divines et humaines. »

Ce sont là de bonnes et logiques réflexions; la société a dans son code des articles infâmes et criminels. De là, mille souffrances dans le bouge et dans le salon; de là, mille forfaits au bas et au faîte de l'échelle. L'homme qui, connaissant son épouvantable maladie, a pu, pour satisfaire un désir brutal, ou par un froid calcul d'ambition et d'égoïsme, tromper une jeune fille confiante et naïve, l'arracher aux jardins fleuris de son ignorante virginité pour l'associer à son existence de damné et la rendre complice du plus infâme et du plus monstrueux des infanticides, cet homme n'est-il pas plus criminel que le misérable scélérat qui assassine son semblable pour lui voler quelques écus.

Nos lignes sur *les Mystères de Paris*, et nous nous en félicitons, moins pour nous que pour l'ouvrage, ont soulevé d'acerbes critiques, donné lieu à de vives discussions. Entre autres choses, un de nos intimes nous ayant certifié qu'en 1843 on ne mourait plus de faim, nous nous étions laissé prendre à son air d'assurance et accusions déjà M. Sue d'avoir égaré notre religion, quand un fait local nous a ramené à notre première opinion. Mardi dernier, 24 janvier 1842, sur les marches de la place Saint-Paul, un pauvre voyageur se mourait, *littéralement*, de froid et de faim. Il n'avait pas mangé depuis trente-six heures et avait couché dans les champs, à la belle étoile. Du reste, nous avons vu là de beaux exemples de charité. Une ouvrière qui venait d'acheter un pain en a donné la moitié à ce malheureux, et une pauvresse de l'église voisine l'a emmené chez elle en lui promettant d'allumer son dernier fagot pour le réchauffer. De tels actes n'ont pas besoin de commentaires.

CINQUIÈME ARTICLE.

M. Sue aborde cette fois la question de l'infanticide, et après avoir représenté une jeune fille pauvre séduite par un riche, il met les paroles suivantes dans la bouche de ce dernier :

« Cette malheureuse était vertueuse et pure, c'est
» vrai... Je l'ai séduite, c'est encore vrai; mais en cela
» j'ai usé d'un droit imprescriptible, d'un droit sacré
» que la société me reconnaît et m'accorde. Il n'y a
» pas de loi qui défende cela. »

Il n'y a pas de loi qui défende cela, et cet homme sera excusé; tout le mépris, toute la peine accableront la pauvre fille. Pour elle point de pitié, point de circonstances atténuantes, elle a tué, il faut qu'elle meure. Ce raisonnement est logique, mais pourtant ne devrait-on pas examiner les précédents du crime. Les jurés qui votent froidement l'arrêt de mort ont la conscience tranquille en se disant : Pardieu, nos filles ne sont pas d'une autre chair, et nos filles sont vertueuses. Donc, faillit qui veut. Hélas ! non, ne comparez point les enfants du pauvre et celles du riche; ces dernières n'ont pas de désirs, la vie dorée leur appartient; ce qu'on est convenu d'appeler le bonheur, elles le possèdent ; les bocages ombreux, les sources limpides, les nuits tièdes sont à elles ; fleurs et fruits, espérances et réalités, rien ne leur manque. S'égarent-elles dans ces allées riantes, se laissent-elles enivrer aux parfums de cette existence, une mère sage et prévoyante est là qui veille à leurs côtés, une mère habituée au langage de leurs yeux et de leur cœur, qui s'aperçoit aisément si la simplicité du regard est troublée et si les battements de la mamelle gauche sont moins réglés. Alors il lui est facile, à cette mère, de rompre les premiers fils de cette trame si légère si fragile, qu'on nomme l'amour. Mais les filles du pauvre, elles, ont pleine liberté : chaque matin, leur mère va à son ouvrage d'un côté, de l'autre les filles se rendent à leur atelier, seules, exposées aux regards insolents, aux propos éhontés, aux promesses corruptrices des passants ; à elles les longues journées de travail, les veilles écrasantes pour gagner le pain de la journée et apporter leur part au pauvre souper de la famille ; à elles les désirs enflammés, les désirs immenses, infinis, car elles n'ont rien, et leur vague espoir peut s'égarer dans toutes les sinuosités fleuries de l'Éden des riches. Autour de la table où elles travaillent de riches étoffes pour les grandes dames, ces pauvres ouvrières rêvent aussi de belles robes de satin ou de velours en échange de leurs jupes de toile, de beaux chapeaux couronnés de fleurs ou ombragés de plumes au lieu du petit bonnet de calicot, et des brodequins sveltes et mignons en place des lourds sabots qui déshonorent leurs pieds ; elles plongent leurs yeux dans ce paradis infernal du luxe et de la fortune, et, éblouies par les magnificences féeriques qu'elles y découvrent, elles comparent cet horizon splendide, chatoyant, coloré, avec leur ciel gris et humide et se prennent à soupirer tout bas et à désirer d'aller aussi bercer leur oisiveté sur des couches de rose, au bruit des cascades qui pleurent doucement dans les conques moussues, au chant des oiseaux perdus dans les feuilles. Leur route est si stérile, leur misère si triste qu'on leur pardonne ces vœux insensés. Et puis elles n'ont qu'une richesse, leurs seize ans, leurs fraîches couleurs, leur front blanc, et le travail leur prend tout cela ; elles se voient vieillir, maigres, pâles, ridées, et alors si la séduction vient jeter dans leur oreille ses paroles douces et harmonieuses, si quelqu'un leur tend la main pour les conduire de leur désert à l'oasis magique, elles se laissent aller, elles tombent ! C'est qu'aussi la misère et la fatigue les ont brisées aux trois quarts. Elles tombent ! et dans leur chute roulent jusqu'au crime. Crime sans excuse, irrémissible; car, dit M. E. Sue avec une poignante ironie :

« Cette malheureuse prétend avoir tué son enfant,
» je dirai même notre enfant, parce que je l'ai aban-
» donnée... parce que, se trouvant seule dans la plus
» profonde misère, elle s'est épouvantée, elle a perdu
» la tête. Et pourquoi ? parce qu'ayant, disait-elle, à
» soigner, à nourrir son enfant, il lui devenait impos-
» sible d'aller de long-temps travailler dans son ate-
» lier et de gagner ainsi sa vie et celle du résultat de
» notre amour.

» Que diable ! ce n'est pas tout pour une jeune fille
» que de perdre l'honneur, de braver le mépris, l'in-
» famie et de porter un enfant illégitime neuf mois
» dans son sein... il lui faut encore l'élever, cet enfant !
» le soigner, le nourrir, lui donner un état, en faire
» enfin un honnête homme comme son père, ou une
» honnête fille qui ne se débauche pas comme sa
» mère. »

Ceci est logique, raisonnable, et la mère est condamnée parce qu'enfin la maternité est une sainte chose ! Il est vrai que ces premiers tressaillements de l'enfant, qui font rayonner le bonheur sur le visage de l'épouse, n'ont amené que la honte à son front ; il est vrai que cette pauvre fille s'enveloppant dans les derniers lambeaux de sa pudeur a comprimé ces élans qui pouvaient déceler sa faute aux yeux de tous ; il est vrai que pendant neuf mois sa vie a été pleine d'angoisses et de tortures ; il est vrai que deux petites lèvres roses ne se sont pas attachées à son sein et n'ont pas fait jaillir de son cœur, en même temps que la source de la vie, cet amour immense, sublime, frénétique, l'amour maternel ! Il est vrai qu'après tant de misérables ruses pour cacher sa honte, l'enfant allait tout dévoiler ; il est vrai qu'après ces neuf mois de souffrances aiguës, poignantes, la naissance de cet enfant est venue porter le dernier coup à son âme blessée, endolorie, saignante ; que cette dernière douleur, immense, écrasante a tué sa raison, qu'elle était folle, tout cela est vrai, mais la maternité est une sainte chose.

Peut-être que, dans ses nuits sans sommeil, cette misérable femme songeait à l'avenir de l'être qu'elle portait dans son sein ; peut-être, à travers ses larmes et ses tortures, voyait-elle bien d'autres larmes, bien d'autres tortures pour la chair de sa chair, mais la maternité est une sainte chose. Donc, elle est condamnée ; quant au séducteur, il reste bien tranquillement chez lui, à moins pourtant que la fantaisie ne lui prenne de se mettre à la fenêtre pour voir exécuter son ancienne maîtresse.

« Qu'un pauvre misérable, autant par besoin que
» par stupidité, contrainte ou ignorance des lois qu'il
» ne sait pas lire, achète sciemment une guenille pro-

» venant de vol... il ira vingt ans aux galères comme
» recéleur, si le voleur va vingt ans aux galères. Que
» la plus légère complicité soit donc punie d'un châti-
» ment terrible, bien! il y a là une pensée sévère et
» féconde, haute et morale. Qu'un homme simple et
» naïf, maintenant, essaie de prouver qu'il y a au
» moins solidarité morale, complicité matérielle entre
» le séducteur inconstant et la fille séduite et aban-
» donnée, il passera pour visionnaire. Qu'il se ha-
» sarde d'avancer que sans père... il n'y aurait peut-
» être pas d'enfant, la société criera à l'atrocité, à la
» folie. »

Nos lecteurs ont déjà pu se convaincre que le livre de M. Sue est, comme le prétendent quelques-uns, d'une haute immoralité et propre à pervertir et à vicier quiconque le lira. O critiques!!!..

SIXIÈME ARTICLE.

Quelques bienveillants amis, tout en nous encourageant à continuer la lourde et imprudente tâche que nous avons assumée, d'enchâsser dans notre prose les admirables plaidoyers de M. Sue en faveur des misères sociales, nous ont reproché de ne pas analyser le roman et de trop restreindre nos articles ; nous placerons ici la réponse que nous leur avons faite, à l'adresse de ceux qui sans nous le dire porteraient le même blâme à l'endroit de nos faibles et incolores études sur *les Mystères de Paris*.

Certes, nous serions peu embarrassé pour citer de charmantes parties de style, pleines de grâce et de sentiment, telles que celles-ci :

« Ne trouvez-vous pas que ce qui rend encore plus

» touchant peut-être l'amour d'une mère pour son
» fils, l'amour d'un père pour sa fille, c'est que dans
» ces affections il y a un être faible qui a toujours
» besoin de protection? Le fils protège la mère, le
» père protège la fille. »

Dire que *la Goualeuse* est un style admirable de suavité et de poésie, que cette pauvre bohème du Paris moderne est quelque peu cousine, par la grâce fantastique et la chaste dégradation, de la Esméralda, la bohème du vieux Paris, ne nous serait pas difficile. Enfin nous pourrions sans peine suivre pas à pas le récit, car M. Sue est un vrai poète qui échauffe le cœur et qui inspire l'esprit. Nous pourrions indiquer la fin des malheurs de Clémence, en répétant ces dernières paroles de d'Harville, l'homme épileptique :

« Ma mort seule peut briser ces liens... Il faut
» donc que je me tue. »

Et cette grande vérité que l'auteur a écrite après :

« Si le divorce eût existé, ce malheureux se serait-
» il suicidé? — Non! — Il pouvait en partie réparer
» le mal qu'il avait fait, rendre sa femme à la liberté,
» lui permettre de trouver le bonheur dans une
» autre union... L'inexorable immutabilité de la loi
» rend donc souvent certaines fautes irrémédiables,
» ou, comme dans ce cas, ne permet de les effacer que
» par un nouveau crime. »

Nous pouvions cela, mais nous nous sommes demandé à quoi bon cette profanation? à quoi bon déflorer par une analyse pâle et froide ce poème chaud et coloré? à quoi bon substituer notre prose sèche et brute aux belles et entraînantes pages du roman? à quoi bon écourter à plaisir cette toile riche, splendide, pleine d'ombres et de lumière pour l'ajuster à notre cadre étroit et mesquin? à quoi bon? et nous n'avons pas voulu, et le scalpel nous est tombé des mains!

Quant au peu d'espace qu'à notre grand regret nous accordons à ces études, il faut moins nous en accuser que l'exigu carré de papier où nous sommes couché comme sur le lit de Procuste, c'est-à-dire à la condition de renfermer les lignes dans l'espace donné.

Avant d'entrer à Saint-Lazare où il conduit le lecteur, M. Sue a cru devoir disculper son œuvre de la sotte accusation d'immoralité portée par quelques-uns contre elle. En vérité, il a eu tort de s'arrêter en chemin pour pareille chose. Qu'importent les criailleries de tous ces braves gens qui proclament Fleur-de-Marie, poussée à la dégradation par l'isolement, l'ignorance et la misère, une effrontée coquine, et recommandent à leurs filles la lecture des fureurs incestueuses de Phèdre, la reine! sous prétexte d'enseignement moral! Il importe d'autant moins que plusieurs, et j'en ai eu la preuve, ne connaissent pas plus l'admirable tragédie de Racine que *les Mystères de Paris*.

« Nous n'avons pas reculé, dit-il, devant les ta-
» bleaux les plus hideusement vrais, pensant que,
» comme le feu... la vérité morale purifie tout! » et M. Sue a raison; partout où se trouve une vérité, il faut la chercher et la crier hautement, afin qu'elle serve à tous. Cette fumée noire et infecte qui se dégage de la houille, enfermez-la dans des tuyaux, mettez le feu à l'orifice et vous aurez un jet de lumière pur et brillant. Cette boue qui croupit dans la rue en l'infectant, enlevez-la et la portez dans les champs; la rue sera assainie et la récolte meilleure. Ces pestiférés qui se tordent là-bas, ne les regardez pas à travers votre lorgnon, mais penchez-vous sur leur

visage, étudiez les symptômes du mal, fouillez la plaie, pansez-la et vous aurez fait votre devoir.

Eh! mon Dieu, dites-nous, ne faut-il pas journellement une grande somme de courage à M. Sue, qui est un des jeunes, un des riches, un des heureux de la phalange littéraire, pour aller attrister ainsi son âme au spectacle des vices, son cœur au tableau des misères? car il nous l'écrivait ces jours derniers : « Le seul mérite de ce livre est d'être *vrai* et je n'ai » *rien* écrit que je n'aie vu. » Allons donc, ne blâmez point le laboureur qui défriche la lande inculte et pleine de mauvaises herbes, afin de grossir les gerbes de votre moisson.

Mais, sans le vouloir, nous nous laissons entraîner à défendre M. E. Sue, comme si ses paroles dont nous ne sommes qu'un insuffisant écho en avaient besoin.

Ne craignons pas de suivre l'auteur à Saint-Lazare, prison des voleuses et des prostituées, visitée souvent par de grandes dames.

« Ces femmes élevées au milieu des splendeurs de » la fortune, ces femmes, à bon droit comptées parmi » la société la plus choisie, viennent, chaque semaine, » passer de longues heures auprès des misérables » prisonnières de Saint-Lazare ; épiant dans ces âmes » dégradées la moindre aspiration vers le bien, le » moindre regret d'un passé criminel, elles encoura- » gent les tendances meilleures, fécondent le repentir, » et par la puissante magie de ces mots : DEVOIR, » HONNEUR, VERTU, elles retirent quelquefois de la » fange une de ces créatures abandonnées, avilies, » méprisées. »

N'est-ce pas un touchant et beau spectacle que ces femmes du monde déviant de leur route sablée et fleurie

pour aller dans les steppes boueux du vice et de la misère chercher les malheureuses que la souffrance a dégradées? Pures, riches, honorées, elles ne reculent pas devant les prostituées méprisables, avilies, en haillons; elles mettent à nu les plaies et y appliquent le dictame de leurs consolations ; saintes femmes, elles comprennent cette belle et sublime tâche que Dieu a faite aux heureux de la terre, de secourir les pauvres et les infirmes; elles comprennent que « l'esprit, le cœur
» s'agrandissent lorsqu'on les applique à de si nobles
» occupations !... qu'ainsi que le dit Rodolphe, il
» semble que l'on participe un peu au pouvoir de la
» Providence en secourant ceux qui méritent. »

Rien ne leur coûte ; elles ne reculent devant rien, fortes qu'elles sont de leur mission ; le matin, avant de quitter leurs somptueux hôtels, elles embrassent au front leurs blondes et pures jeunes filles, et alors une joie ineffable leur vient au cœur en comparant l'existence riante et parfumée de leurs enfants à la vie dure et sombre de leurs protégées. Dans leur gratitude envers le Créateur, pour le remercier du bonheur qu'il leur a dispensé, elles s'attachent aux malheureuses déchues et s'efforcent de les ramener au bien, afin d'acquitter leur dette.

Rien ne leur coûte, avons-nous dit : beaucoup ne comprendront pas ou comprendront mal ces paroles ; sacrifier quelques belles heures, toutes dorées de soleil et de plaisir, c'est quelque chose ; délaisser une société élégante, gracieuse, polie, spirituelle, distinguée, pour se mettre en contact avec des voleuses et des prostituées, c'est beaucoup ; se souvenir et témoigner sa reconnaissance à celui qui a semé des fleurs, creusé des fontaines, arrondi des berceaux touffus, fait mûrir des fruits, sur le passage de ce monde, c'est plus encore ; mais tout cela n'est rien, si l'on songe que la sainte charité de ces femmes bienfaisantes est presque toujours accueillie par l'injure et l'outrage... alors, songez ce qu'il leur faut de courage, à elles délicates que font rougir de grossières épithètes et d'infâmes invectives, pour continuer leur œuvre de bienfaisance. Leurs paroles, à mesure qu'on les blesse, deviennent plus douces ; elles témoignent aux malheureuses déchues plus de pitié, et il est rare qu'alors elles n'obtiennent pas de bons résultats.

Aussi faut-il beaucoup leur pardonner aux misérables créatures qui sont tombées ; mieux que personne elles mesurent l'abîme d'abjection où le vice les a poussées ; mieux que personne, elles savent le degré de mépris qu'elles méritent. Comme elles ne voient pas d'issue à l'enfer où elles sont descendues, rarement de leur propre volonté la pitié leur est insupportable, car elles la regardent comme inféconde. Elles attribuent à une insultante curiosité l'intérêt qu'on leur témoigne et y répondent par des outrages. Si vous leur parlez de remords, de regrets, elles vous disent :

« A quoi bon regretter d'être filles des rues, puis-
» que nous devons mourir filles des rues ? »

Puis, c'est que souvent, pour leur faire horreur de leur infâme condition, on évoque les punitions de l'autre vie, l'enfer, les flammes éternelles, les tortures sans fin, et ces malheureuses, superstitieusement craintives, se débattent contre ces terribles visions et cherchent à les repousser par le rire et le blasphème. Mais à cette cuirasse il est un défaut, car le vice a sa pudeur, quelques charbons qui se consument sous la cendre et qui brûlent quand on souffle dessus.

« Ce matin, dans le dortoir, sans savoir pourquoi...
» nous étions honteuses de nous habiller devant elle...
» Ainsi, ce profond instinct de pudeur que Dieu a
» mis en nous se révèle encore, même chez ces créa-
» tures, à l'aspect des seules personnes qu'elles puis-
» sent respecter.

» Pour qu'elle prie, comme a dit la Louve, il faut
» bien qu'elle EN AIT LE DROIT. »

Quand une fois vous avez fait rougir ces fronts, la guérison commence ; alors présentez-leur le possible d'une vie honnête, laborieuse, pénible, mais estimée, et ces misérables vous béniront, et, des larmes dans les yeux, vous jureront sur ce qu'elles ont au monde de plus sacré de rentrer dans la bonne voie et de vivre en honnêtes femmes.

« Peinture naïve d'une condition humble et rude,
» ce simple récit, tour à tour éclairé des douces lueurs
» du foyer domestique, doré par quelques joyeux
» rayons de soleil, rafraîchi par la brise des grands
» bois ou parfumé de la senteur des fleurs sauvages,
» ce récit avait fait sur la Louve une impression plus
» profonde, plus saisissante que ne l'auraient faite les
» exhortations d'une moralité transcendante. »

Au lieu d'élever par la pensée ces misérables au ciel, au lieu de les effrayer par les châtiments qui les attendent, conduisez-les sur la terre, montrez-leur une vie calme, pleine de joies domestiques, avec de gros et beaux enfants, de l'ombre, des fleurs, de l'eau et des fruits, et elles rougiront franchement de leur dégradation, et elles vous diront que rien ne leur coûterait, qu'elles s'attelleraient au joug le plus dur pour obtenir leur pardon aux yeux des hommes et surtout aux yeux de Dieu. Condamnées à une existence pleine de ténèbres et de honte, qu'un rayon de soleil arrive jusqu'à elles, et ces malheureuses béniront le ciel et elles feront tout pour quitter leur prison de vices et de misères.

Leur enfant est tout pour elles : « Ce petit être est » le seul qui ne les méprise pas; » invoquez-les en ce nom, soulevez le voile de l'avenir, faites qu'elles voient le sort réservé au fruit de leurs entrailles, et le blasphème ardent s'éteindra sur leurs lèvres, au milieu des larmes et des sanglots.

« Il n'y a pas de meilleures mères ; rien ne leur » coûte pour garder leur enfant auprès d'elles ; elles » s'imposent, pour l'élever, les plus pénibles sacri- » fices... »

Elles-mêmes comprennent si bien le caractère sacré de la maternité que *la Louve* dit à propos de *Mont-Saint-Jean* :

« Elle est laide comme un monstre... mais elle est » mère comme une autre. Si j'avais mes enfants à » défendre... je serais bonne là... allez! la Louve » garderait bien ses louveteaux... des enfants de mon » homme, ils seraient fièrement aimés, ceux-là... »

Voilà où gît l'immoralité, sans doute?.. une prostituée aimer son enfant! infamie! il y a des femmes du monde qui ne les aiment pas.

Hélas! songez donc que ce petit être est le seul qui les aime en ce monde ; songez donc qu'elles n'ont de joie que par son sourire, de bonheur que par sa joie. Le mépris les environne, le dégoût les laisse dans la boue où elles sont tombées ; cette petite figure est la seule qui leur sourie, les vagissements de ces lèvres sont les seules paroles qui ne les atteignent pas, méchantes ou injurieuses. Ah! laissez-leur l'amour maternel, aux filles folles de leur corps; c'est le seul anneau qui les rattache à la grande chaîne de l'humanité, c'est le δαιμων de Pythagore, génie intermédiaire entre le ciel et la terre, entre le vice et la vertu !

A propos du chapitre qui nous a suggéré ces réflexions, un *honorable* de *la gauche* s'est élevé contre l'immoralité du roman de M. Sue ! nous réclamons instamment le nom de ce monsieur pour lui voter des remercîments civiques et une couronne de vestale. Grand homme !

Seulement, il aurait dû se rappeler qu'un journal gauchiste entretient une danseuse, acte peu criminel à nos yeux, surtout quand la danseuse est svelte et jolie ; celle dont il s'agit jouerait parfaitement le rôle d'un peuplier dans un ballet de saules pleureurs, comme l'a dit un de nos amis, mais, il faut l'avouer, acte plus immoral que cet enseignement profond donné par M. Sue aux heureux de ce monde, auxquels il rappelle qu'il est au dehors de leurs palais des vices à corriger et des misères à secourir.

SEPTIÈME ARTICLE.

A mesure que se grossit le livre, l'intérêt des masses grandit et les discussions se propagent ; on accuse l'auteur d'une impudique pitié à l'endroit des prostituées ; nous avouerons notre stupéfaction devant un tel reproche. Jésus-Christ défendit contre l'injure des siens Madeleine repentante et protégea la femme adultère contre les Pharisiens. Le pieux Zozime remit ses péchés à Marie, la courtisane d'Égypte, qui devint une sainte et devant le crâne de laquelle nous avons vu les jeunes filles de Dunkerque s'agenouiller et prier. Qui donc accusera le Nazaréen et le solitaire d'une impudique pitié ? Et cependant, s'écrient certains feuilletons, vous remuez à plaisir la fange, mieux vaudrait la laisser stagnante. Que le ciel fasse paix aux aveugles! Chaque jour, vous réclamez des droits et des institutions pour ceux que l'ignorance entraîne à l'ivrognerie, à la paresse et de là au mal! Pourquoi remuez-vous cette lie? Les prostituées sont heureuses de leur misérable et infâme condition, dites-vous, elles s'y complaisent! Eh! ceux-là aiment le cabaret et l'ivresse qu'ils en emportent! Voyez-les, trouvez-vous traces de regrets sur ces visages avinés? — Laissez-les donc! Mais non, et vous faites bien; seulement pourquoi parquer les femmes déchues, comme on parquait les Juifs au moyen âge et comme on le fait encore aujourd'hui à Rome, dans un quartier à part, en disant: Qu'elles fassent ce que bon leur semble, nous nous en lavons les mains. Songez donc que la prostitution réagit d'une manière funeste et terrible sur la classe que vous protégez; songez qu'à son contact le peuple déchire ses bons instincts plus que partout ailleurs... alors n'anathématisez plus ceux qui veulent laver par le repentir ces malheureuses noyées dans la fange, car une fois retirées du vice elles n'y entraîneront plus personne.

« C'est rarement la passion de la débauche pour la
» débauche, mais le délaissement, mais le mauvais
» exemple, mais l'éducation perverse, mais surtout la
» faim qui conduisent tant de malheureuses à l'infamie,
» car les classes pauvres paient seules à la civilisation
» cet impôt de l'âme et du corps. »

Parfois même, ces misérables ont été corrompues dès leur naissance, car la pauvreté force à de dures et de tristes nécessités.

« Il est une foule de tanières où, enfants et adultes,
» filles et garçons, légitimes ou bâtards, gîtant pêle-

» mêle sur la même paillasse, comme des bêtes dans
» la même litière, ont continuellement sous les yeux
» d'abominables exemples d'ivresse, de violences, de
» débauches et de meurtres... oui, et trop fréquem-
» ment encore... L'INCESTE!!! vient ajouter une
» horreur de plus à ces horreurs. »

La fille du riche est bien heureuse! nul regard ne va souiller sa chambre virginale ; rien ne trouble ses rêves doux, innocents, et l'ange de la pudeur, perdu dans les rideaux blancs de sa couche, veille sur son sommeil. Mais à la fille du pauvre la chambre commune, comme au dernier jour, la fosse commune. Les loyers sont si chers et l'on gagne si peu, puis l'hiver il fait froid, le bois vaut son pesant d'argent, et en couchant tous pêle-mêle on se réchauffe un peu.

« Les artisans les plus honnêtes, occupant presque
» toujours une seule chambre avec leur famille, sont
» forcés, faute de lit et d'espace, de faire coucher
» leurs enfants ensemble, FRÈRES ET SOEURS, à quel-
» ques pas d'eux... MARIS ET FEMMES. Si l'on frémit
» déjà des fatales conséquences de telles nécessités,
» presque toujours inévitablement imposées aux ar-
» tisans pauvres, mais probes, que sera-ce donc
» lorsqu'il s'agira d'artisans dépravés par l'ignorance
» ou par l'inconduite. »

Tel est le sort des enfants de l'indigent, « pauvres
» créatures corrompues en naissant, qui, dans les
» prisons où les conduisent souvent le vagabondage
» et le délaissement, sont déjà flétries par cette grossière
» et terrible métaphore : GRAINES DE BAGNE!!! et la
» métaphore a raison. Cette sinistre prédiction s'ac-
» complit presque toujours : galères ou lupanar,
» chaque sexe a son avenir. »

Doit-on plus les blâmer que les plaindre, celles-là

qui, dès l'enfance, ont laissé aux épines du mauvais exemple leur robe d'innocence; quand la pudeur leur est connue, le vice ne l'a-t-il pas aux trois quarts étouffée? Pitié, mon Dieu, pour celles qui pèchent ainsi : « Car l'ignorance et la misère conduisent sou- » vent les classes pauvres à ces effrayantes dégrada- » tions humaines et sociales. » Cecy est vray, comme l'a dit Montaigne : l'ignorance est une de ces funestes causes qui conduisent à leur perte les filles du peuple. Le bien et le mal, s'ils leur sont connus, ne peuvent l'être que vaguement, et pourquoi la prostitution, avant de *l'exercer*, leur semblerait-elle un crime?

« Comparez maintenant la dégradation volontaire
» d'une femme pieusement élevée, au milieu d'une
» famille aisée qui ne lui donne que de nobles exem-
» ples, et celle de la Louve à qui l'on montre la pros-
» titution comme un état protégé par le gouvernement.
» Ce qui est vrai!.. il y a un bureau où cela s'enre-
» gistre, se certifie et se paraphe; un bureau où
» souvent la mère vient autoriser la prostitution de
» sa fille, le mari la prostitution de sa femme... cet
» endroit s'appelle LE BUREAU DES MOEURS ! ne faut-il
» pas qu'une société ait un vice d'organisation bien
» profond, bien incurable à l'endroit des lois qui ré-
» gissent la condition de l'homme et de la femme,
» pour que le pouvoir... LE POUVOIR..., cette grave
» et morale abstraction, soit obligé non-seulement
» de tolérer, mais de réglementer, mais de légaliser,
» mais de protéger, pour la rendre moins dangereuse,
» cette vente du corps et de l'âme qui, multipliée par
» les appétits effrénés d'une population immense, at-
» teint chaque jour à un chiffre presque incommen-
» surable. »

Après de telles réflexions, nous nous étonnerons

plus que personne qu'il y ait encore de ces braves gens qui croient avoir reçu la vie pour la gaspiller à leur fantaisie, qui ne voient dans la richesse qu'un moyen de bien manger, de bien boire et de bien dormir, qui entretiennent à grands frais des meutes de valets et des troupes de chiens et qui repoussent, en l'appelant fainéant, le pauvre s'il leur demande un morceau de pain. Et pourtant, il en est encore, et ils adorent toujours leur *moi*, ce *moi* insupportable que Pascal a honni, et ils vous disent en humant paresseusement leur cigare : Peuth ! tout cela est fort triste, mais à qui la faute ? à Dieu qui a permis le mal. Pauvres égoïstes ! rappelez-vous cette admirable parole de la théodicée de Leibnitz : *Malum causam habet, non efficientem, sed deficientem.*

HUITIÈME ARTICLE.

M. Sue, que distinguent une rectitude et une profondeur d'esprit égales au moins à la noblesse et à la bonté de son cœur, termine la cinquième partie des Mystères de Paris par de belles et sages réflexions, que nous rapportons ici :

« A qui fait le mal... captivité, infamie, sup-
» plice... Cela est juste ! Mais à qui fait le bien, la
» société décerne-t-elle des distinctions honorables, glo-
» rieuses ? Non ! Par de bienfaisantes rémunérations,
» la société encourage-t-elle à la résignation, à l'ordre,
» à la probité cette masse immense d'artisans voués à
» tout jamais au travail, aux privations et presque
» toujours à une misère profonde ? Non ! En regard
» de l'échafaud où monte le grand coupable, est-il un
» pavois où monte le grand homme de bien ? Non ! »

Ainsi donc, et c'est une triste vérité, la société sait punir et ne sait pas récompenser ! Elle réprime le vice, elle châtie le criminel, mais elle ne gratifie pas la vertu et ne rémunère point l'homme de bien ; à côté du code pénal, elle n'a pas le code de récompenses. Égoïste, elle agit par crainte toujours, jamais par reconnaissance. Ce qui peut lui nuire éveille sa sollicitude, mais elle ne s'inquiète en aucune façon de ce qui lui est à honneur ! Et, on le comprendra, cette cruelle indifférence lui porte souvent préjudice. L'homme honnête se voyant si lâchement oublié, cédera parfois à la tentation dans un jour de détresse ; car ce qu'il y a de plus horrible dans cet isolement où on laisse la probité, c'est qu'elle arrive à regarder la punition de la faute comme un bonheur ; ainsi l'on a vu, et trop souvent, des ouvriers honnêtes mais pauvres, voler afin d'avoir le pain et le toit de la prison. Nous avons vraiment peine à concevoir qu'on n'ait pas une juste balance, et que comme on essaie à corriger les mauvais penchants, on n'essaie pas à fortifier les bons, ce qui aurait pour le moins une valeur égale.

Par malheur, ce vice radical de notre société se retrouve partout. M. Sue l'avait déjà fait remarquer antérieurement. On a fondé des colonies pour les enfants criminels ; là, on utilise leurs forces, on élève leur âme, on féconde leur intelligence et on les ramène par de bons exemples et de sages leçons dans la route du bien.

Mais qu'un pauvre orphelin, nu, glacé, mourant de faim, sans appui, sans secours sur cette terre, frappe à la porte de la colonie ; elle ne s'ouvrira point, car on lui demandera d'abord : Es-tu quelque peu criminel ? As-tu commis quelque délit ? — Non ! Eh bien ! mon garçon, nous n'avons pas de place ici pour toi ! Et le pauvre enfant se couchera sur le seuil inhospitalier avec son frisson et sa faim.

Ceci soit dit, sans vouloir aucunement attaquer la sage et généreuse pensée qui a fondé ces hospices pieux où l'on s'applique à cautériser, à guérir les plaies légères qui avec le temps étendraient sur tout le corps une lèpre affreuse.

Du reste, nous tenons de source bonne et certaine, qu'un comité s'est organisé à Paris, pour ouvrir aux pauvres petits enfants abandonnés ou orphelins, quelques asiles comme Mettray. C'est à M. Sue que ces malheureux devront cela, et voilà une excellente réfutation de l'immoralité prétendue des *Mystères de Paris*, et voilà pour l'auteur une belle récompense de ses travaux, un remède efficace aux sottes piqûres de la critique. Merci à ceux-là qui fécondent l'œuvre bienfaisante du penseur, c'est se montrer dignes de ses leçons.

« Supposez, par la pensée, une société organisée de
» telle sorte, qu'elle ait pour ainsi dire les assises de
» la vertu comme elle a les assises du crime.

» Le peuple ne serait-il pas sans cesse encouragé
» au bien, s'il voyait souvent un tribunal auguste, im-
» posant, vénéré, évoquer devant lui aux yeux d'une
» foule immense, un pauvre et honnête artisan dont
» on raconterait la longue vie probe, intelligente et
» laborieuse, et auquel on dirait :

» Pendant vingt ans, vous avez plus qu'aucun
» autre travaillé, souffert, courageusement lutté con-
» tre l'infortune ; votre famille a été élevée par vous
» dans des principes de droiture et d'honneur... Vos
» vertus supérieures vous ont hautement distingué,
» soyez glorifié et récompensé... L'État vous assure
» une pension suffisante à vos besoins. Environné de

» la considération publique, vous terminerez dans le
» repos et dans l'aisance une vie qui doit servir d'en-
» seignement à tous... »

Ce serait là une belle utopie à réaliser, utopie à laquelle le noble Monthyon a donné seulement un commencement d'exécution; il était impossible à un homme d'accomplir ce qu'une société seule peut faire! Aussi l'œuvre de Monthyon est-elle, comme nous le disions, incomplète; nous n'en voulons pour preuve que le fait suivant :

L'année dernière, un homme fut condamné pour vol, compliqué d'escalade et d'effraction, à dix années de fer; cet homme avait obtenu le prix Monthyon quelques années avant. Comme le président lui demandait quelle cause, après sa conduite passée, avait pu l'amener au crime, il répondit que sa pauvreté n'ayant plus rien à espérer de la vertu, puisque le prix Monthyon ne se donnait qu'une fois, il avait appelé le vol à son aide.

Le hideux spectacle du châtiment, nous l'avons dit antérieurement, est peu efficace quant aux résultats ; mais quels heureux et salutaires effets ne rejailliraient pas de l'imposant tableau des récompenses ? De quelle noble envie ne seraient point aiguillonnés tous les cœurs ? Et comme devant ce pavois où serait élevé le vieil ouvrier comme autrefois le vieux chef franc, les jeunes gens se feraient le serment de devenir dignes par leur courage et leur vertu d'y monter à leur tour.

La tête qui grimace sanglante sur les planches de l'échafaud n'inspire pas l'horreur du crime; la couronne de chêne déposée sur le front chauve du travailleur honnête ferait chérir la vertu.

L'imposante cérémonie de la distribution des croix d'honneur du camp de Boulogne avait enthousiasmé l'armée, et c'est là, certainement, une des grandes pensées de Napoléon. Les solennités des concours agricoles ont toujours produit d'heureux résultats. Pourquoi n'effectuerait-on pas pour les artisans ce que l'on a fait pour l'armée, et ce que l'on fait pour les laboureurs?

Et nous ne voudrions pas seulement ces grandes cérémonies, nous voudrions encore un comité vigilant, dont l'œil sans cesse ouvert sur la classe laborieuse, devinerait la misère aux premiers indices de gêne et préviendrait le mal qu'elle traîne à sa suite; M. Sue le dit à propos de Rigolette :

« Cette enfant ne méritera-t-elle pas, non une
» récompense, non un secours, mais quelques tou-
» chantes paroles d'approbation, d'encouragement,
» qui lui donneront la conscience de sa valeur, qui
» la rehausseront à ses propres yeux, qui l'obli-
» geront même pour l'avenir! Car elle saura que si
» un jour le manque d'ouvrage ou la maladie mena-
» çait de rompre l'équilibre de cette vie pauvre et
» occupée qui repose tout entière sur le travail et sur
» la santé, un léger secours dû à ses mérites passés,
» lui viendrait en aide. La société a imaginé la sur-
» veillance de la haute police, pourquoi n'imaginerait-
» elle pas la surveillance de la haute charité morale?»

Du jour où la vertu se verra honorée, distinguée, récompensée, elle relèvera la tête, car c'est l'isolement, l'oubli et l'indifférence qui tarissent sa sève. Agissez donc, vous tous qui le pouvez, vous tous qui avez la sublime mission de diriger notre pays, faites, et bien vous ferez !

« Sans doute, beaucoup d'esprits délicats s'indi-
» gneront à la seule pensée de ces ignobles RÉMU-
» NÉRATIONS MATÉRIELLES, accordées à ce qu'il y

» a au monde de plus éthéré : LA VERTU ! Ils diront :
» Le bonheur éternel qui attend les justes dans l'autre
» vie doit uniquement suffire pour les encourager au
» bien.

» A cela, nous répondrons que la société, pour in-
» timider et punir les coupables, ne nous paraît pas
» exclusivement se reposer sur la vengeance divine
» qui les atteindra certainement dans l'autre vie. »

Ceci est tellement logique que nous ne nous sentons pas le courage d'y ajouter un mot.

M. Sue termine ainsi sa cinquième partie. Nous qui avons été assez heureux pour lui offrir un tribut mérité d'hommage et d'estime, d'hommage à l'écrivain chaleureux, entraînant, d'estime au penseur bienfaisant et profond, nous exprimerons ici le regret que l'œuvre doive s'arrêter après la huitième partie. M. Sue veut faire une halte dans la vaste route où il vient d'entrer, avant d'y poursuivre son voyage... C'est trop de modestie !

Du reste, si de sottes critiques ont bavé sur lui, les encouragements ne lui ont pas manqué ; nous avons lu un remerciement plein de cœur que lui a adressé une grande dame pour les infortunes qu'il lui dévoilait et la noble occupation qu'il donnait à ses riches loisirs. Les ouvriers bénissent, et, *cela, nous en avons été le témoin*, l'auteur des *Mystères de Paris;* les philanthropes mettent à profit ses idées généreuses, laissons donc crier les envieux, et félicitons-nous de ce qu'un de nos écrivains distingués accepte le glorieux mais pénible sacerdoce de défendre les classes ouvrières, en comprenant que si *noblesse obligeait* autrefois, aujourd'hui *talent oblige*.

NEUVIÈME ARTICLE.

La question que traite aujourd'hui M. Sue est des plus graves pour le repos présent et l'honneur à venir de la société.

« Un criminel, dit-il, sera jeté au bagne pour sa
» vie... Un autre sera décapité... Ces condamnés
» laisseront de jeunes enfants... La société prendra-
» t-elle souci de ces orphelins,... de ces orphelins
» QU'ELLE A FAITS... en frappant leur père de mort
» civile ou en lui coupant la tête? Viendra-t-elle sub-
» stituer une tutelle salutaire, PRÉSERVATRICE à la
» déchéance de celui que la loi a déclaré indigne, in-
» fâme... à la déchéance de celui que la loi a tué?...
» Non!... MORTE LA BÊTE... MORT LE VENIN...
» dit la société. Elle se trompe. Le venin de la cor-
» ruption est si subtil, si corrosif, si contagieux, qu'il
» devient presque toujours héréditaire; mais com-
» battu à temps, il ne serait jamais incurable. »

Oui, la société se trompe! les orphelins que font le boulon du bagne et le couteau de la guillotine méritent sa sollicitude. La société, en mainte circonstance, adopte les enfants de ceux qui sont morts pour elle, elle devrait adopter aussi les enfants de ceux qu'elle tue. Les orphelins de la gloire, les orphelins de l'infamie devraient avoir part égale dans son affection : car ni les uns ni les autres n'ont mérité l'abandon, et ceux-ci sont encore plus malheureux que ceux-là ; or, partout et en toute circonstance, le malheur est à plaindre et à soulager.

Certes, la société fait bien, *puisqu'elle croit bien faire,* de retrancher de son sein le criminel qui a menacé son repos ou qui a attenté à sa sûreté ; mais elle ne peut, elle qui a dans cette vie le pouvoir en main, comme Dieu l'a dans sa dextre en l'autre, elle ne peut rendre héréditaire le châtiment, puisque le crime ne l'est point. La race de Caïn n'est pas responsable du meurtre d'Abel. Et cependant, qu'on y songe; par absence de son chef, la famille souffre souvent. Mais, dira la société, est-ce ma faute si ce chef a mérité les galères à perpétuité, mort morale, ou l'échafaud, mort matérielle ? Non ! la société est étrangère à ceci; mais les enfants du coupable n'ont en rien trempé dans le crime, et, nous le croyons fermement, la société devrait tenir lieu aux orphelins du père que la justice leur enlève. Une illustre cantatrice a donné ces mois derniers, un bel exemple de cette adoption. Madame Rosine Stolz, attaquée par M. Champein, obtint un jugement qui condamnait celui-ci à lui payer dix mille francs de dommages et intérêts. Trop pauvre pour se libérer de cette dette, M. Champein s'expatria, laissant à Paris sa fille, pauvre enfant sans ressources et sans espoir ; madame Stolz l'ayant appris, la recueillit chez elle et s'engagea par acte authentique à subvenir aux frais d'entretien et d'éducation de la fille de celui qui avait été son ennemi.

La société si omnipotente ne pourrait-elle imiter a pensionnaire de l'Académie royale de musique?

C'est encore se tromper que de croire que *morte la bête... mort le venin*. Racine l'a dit avant nous :

> Un seul jour ne fait pas d'un mortel vertueux,
> Un perfide assassin, un lâche incestueux,
> Quelques crimes toujours précèdent les grands crimes.

Ces *quelques crimes* du poète ne sont pas atteints par le glaive de la justice humaine, ou ne sont par lui que peu entamés et viennent, jusqu'au jour des *grands crimes*, dormir sous le toit domestique, viciant l'air de leur haleine impure.

Au milieu de ces regards sombres, de ces sorties furtives, de ces allées et venues de nuit, de ces terreurs secrètes qui font frissonner le coupable, une horrible lueur s'échappe parfois et vient éclairer l'enfant éveillé sur son grabat. Parfois même, les parents, cela est infâme, mais cela est, emploient leurs enfants dans leurs sinistres expéditions, les envoient en éclaireurs — on ne se défie pas de l'innocence, — et *pour leur faire aimer le vin les laissent quelque peu mordre à la grappe.*

« La société, au lieu de guérir ces malheureux, les
» laissera se gangrener jusqu'à la mort... et alors de
» même que le peuple croit le fils du bourreau
» forcément bourreau... on croira le fils d'un criminel
» forcément criminel... et alors on regardera comme
» le fait d'une hérédité inexorablement fatale, une
» corruption causée par l'égoïste incurie de la so-
» ciété... »

DIXIÈME ARTICLE.

Nous l'avons dit dans notre dernier numéro, la société ne prend aucun souci des orphelins que sa justice a faits; nous avons cité les lignes énergiques dans lesquelles M. Sue dénonce cette incurie profonde et les tristes effets qu'elle peut produire quand les enfants du coupable ont déjà mouillé leurs lèvres à la source du crime; maintenant, nous suivrons l'auteur plus loin encore, dans l'examen de cette question qui est d'une importance capitale.

« Si malgré de funestes enseignements, *l'orphelin*
» *que la loi a fait* reste par hasard laborieux et hon-

» nête, un préjugé barbare fera rejaillir sur lui la
» flétrissure paternelle. En butte à une réprobation
» imméritée, à peine trouvera-t-il du travail. »

Sombre vérité! il ne sera point assez pour l'enfant d'avoir pleuré en silence sur le crime et le châtiment du criminel, de s'être senti rougir toutes fois qu'un regard étranger l'aura frappé au visage, il lui faudra porter la peine de la faute paternelle. Honnête homme ou honnête fille, les orphelins seront toujours les enfants du galérien ou du guillotiné. Malgré le divin exemple que l'Écriture nous donne de ce châtiment héréditaire, contre toute raison, contre toute justice, nous maintiendrons, dussions-nous être plus blâmés encore, qu'il y a à la fois sottise et infamie à frapper la race entière pour la faute du chef, et Dieu ne serait ni juste ni grand s'il faisait payer aux hommes, depuis plus de cinq mille années, la désobéissance d'Adam. La société cependant agit ainsi : non-seulement les fils du coupable mangeront un pain amer et trempé de larmes ; mais ce pain, on ne leur permettra pas de le gagner à force de travail. Comme aux portes d'une ville assiégée et poussée à bout, on voit se presser les femmes, les enfants, les vieillards, que des époux, des pères et des fils ont chassés de leurs demeures, innocentes et faibles victimes, à ces titres deux fois respectables, les orphelins qu'ont faits le bagne et l'échafaud pleurent inutilement au seuil de la société et demandent en vain merci. On dirait presque que, renouvelant, au point de vue moral, une atrocité matérielle de Louis XI, la société a placé ces enfants sous l'échafaud paternel et, qu'après l'exécution, elle élargit autour de ces malheureux, humides d'un baptême de sang, un cercle de fer d'où ils ne peuvent sortir ; en vain, ils arrosent de leurs sueurs cette terre aride où on les a parqués; l'excommunication sociale plus terrible que celle du pape a brûlé le sol, desséché les arbres, fané les fleurs, tari les sources et empoisonné les fruits; véritables parias, ils traînent à la fois le fardeau des tortures morales et le poids des souffrances physiques. Cela est déraisonnable, odieux, infâme !

« Ainsi, pour celui qui (chose aussi rare que belle)
» se conserve pur, malgré de détestables exemples,
» aucun appui, aucun encouragement.

» Ainsi, pour celui qui, plongé en naissant dans
» un foyer de dépravation domestique, est vicié tout
» jeune encore, aucun espoir de guérison.

» Disons-le encore : presque toujours victime de
» cruelles répulsions, souvent la famille d'un con-
» damné demandant en vain du travail, se voit, pour
» échapper à la réprobation générale, contrainte d'a-
» bandonner les lieux où elle trouvait des moyens
» d'existence.»

Et l'on ne sait peut-être pas assez ce qu'il y a de douleur à abandonner son clocher, à quitter le toit sous lequel on était habitué de respirer, à ne plus entendre, à ne plus voir, ces bruits, ces spectacles accoutumés qui avaient pris place dans votre existence et en étaient comme le chronomètre. Nulle part, ces exilés ne retrouveront la pelouse où, eux enfants, s'abattaient, où, elle mère, couvait leurs jeux d'un œil attendri, la rivière limpide et verdie par l'ombre des saules où l'on jouait les soirs d'été, la *glandée* touffue où *l'on faisait la méridienne;* la cheminée autour de laquelle on s'asseyait pendant les veillées d'hiver ; nulle part ! car l'exilé, comme l'a dit si énergiquement Dante, n'emporte pas la patrie sous la semelle de ses souliers, et quelle plus belle patrie que le foyer domestique et le champ de la famille?

Véritables bohèmes, ces proscrits errent de provinces en provinces, de villages en villages, ayant pour compagne la misère, sœur du malheur. Il faut avoir vu, l'hiver, quand le jour tombe, ces mendiants s'abattre par bandes sur les fermes, comme les corbeaux sur les arbres rougis par l'automne, pour se former une idée de l'effroi qu'ils inspirent aux paysans. À leur entrée, la joie s'éteint, le cercle s'agrandit autour de l'âtre, les meilleures places leur sont offertes, et cela, non pas pour exercer l'hospitalité antique, mais par frayeur, mais dans la crainte que, mécontents, ils n'incendient les granges, les étables ou les meules.

Parfois aussi, quand le crime a eu un grand retentissement, quand les feuilles judiciaires ont embouché leurs plus grandes trompettes, et que l'élite des dames s'est pressée dans l'enceinte réservée pendant le cours des débats, la spéculation arrête au passage la famille du coupable. C'est ainsi que nous avons vu Nina Lassave distribuer, moyennant trois francs, de ses autographes au comptoir d'un estaminet de Paris. C'est ainsi que, ces jours derniers, Célina Fénélon, la veuve de Montely, trônait au café de la Régence, à Limoges.

Certes, cette exploitation de hideuses célébrités est épouvantable ; et nous ne saurions trop approuver le maire de Limoges, qui a chassé la veuve de Montely de son comptoir. Mais peut-être cette femme se trouvait-elle sans moyens d'existence avec ses deux enfants ; peut-être se soumettait-elle, en pleurant tout bas, à cette triste et dure nécessité pour donner à manger aux orphelins. S'il en était ainsi, ne devrait-on pas accuser la société qui force les enfants à ramasser, pour ainsi dire, leur pain dans la honte et le sang de leur père ?

Que la société se rende compte de sa mission et s'écrie enfin comme Jésus : « Laissez-venir à moi les petits enfants. » Qu'elle prévienne le mal et n'ait l'échafaud, puisqu'elle veut l'échafaud, que pour *ultima ratio* ; comme a dit notre grand, notre admirable poète, Victor Hugo :

<blockquote>Le sang est mauvaise rosée !</blockquote>

D'ailleurs, tout en accomplissant un acte de justice, on donnerait un bon exemple, « car la présence de
» ces *orphelins de la loi* au milieu de ces autres enfants
» recueillis par la société dont nous avons parlé, serait
» pour tous d'un utile enseignement... Elle montre-
» rait que si le coupable est inexorablement puni, les
» siens ne perdent rien, gagnent même l'estime du
» monde, si, à force de courage, de vertus, ils par-
» viennent à réhabiliter un nom déshonoré.

» Dira-t-on que le législateur a voulu rendre le
» châtiment plus terrible encore en frappant virtuelle-
» ment le père criminel dans l'avenir de son fils in-
» nocent ? Cela serait barbare, immoral, insensé.
» N'est-il pas au contraire d'une haute moralité de
» prouver au peuple, qu'il n'y a dans le mal aucune
» solidarité héréditaire ; que la tache originelle n'est
» pas ineffaçable ? »

Voilà des erreurs qu'il appartiendrait à notre chambre des députés de rectifier, mais elle a, pardieu, bien autre chose à faire. Si, au milieu de ses bavardages, de ses personnalités, un honnête homme fait entendre sa voix pour une proposition utile, on crie haro sur lui. Ainsi, *à l'une des dernières séances législatives, un pétitionnaire ayant proposé la fondation de* **MAISONS D'INVALIDES DESTINÉES AUX TRAVAIL-**

LEURS, *ce projet fut accueilli par* UNE HILARITÉ GÉNÉRALE ET PROLONGÉE.

Quels commentaires ajouter à cela?

ONZIÈME ARTICLE.

Peu nous importe, aujourd'hui, que les *Mystères de Paris* soient circonscrits dans huit parties; M. Eugène Sue se propose de marcher plus avant dans cette voie du roman philosophique et humanitaire où il est si brillamment entré, et voici que déjà on annonce la prochaine apparition des *Mémoires du Juif-Errant*, titre vague, indécis, mais sous lequel nous devinons une nouvelle étude de la société parisienne, vaste pandæmonium où tout est confondu, où grands et petits se touchent, non point parce que ceux-ci montent, mais parce que ceux-là descendent, non par la vertu, mais par le vice! M. Sue avait, depuis longtemps acquis, et cela justement, le nom d'écrivain penseur et sérieux; l'*Histoire de la marine*, bel et bon ouvrage; *Latréaumont*, roman historique, où Louis XIV, que le *Constitutionnel*, dernièrement, proclamait digne d'avoir donné son nom à son siècle, est crayonné de main de maître, témoignaient tous deux de fortes et grandes qualités; les *Mystères de Paris* prouvent que l'auteur a su les appliquer à des idées généreuses et utiles. Mais, disent les uns, pourquoi soulever tous les voiles? une si complète nudité choque les mœurs! Eh non! Parent-Duchâtelet, dans son admirable livre de la prostitution, dépouille les plaies hideuses de tous leurs appareils et cependant son ouvrage est d'une haute moralité!... D'ailleurs, en toutes choses, en littérature, en peinture comme en statuaire, ce n'est pas le *nu* qui est indécent, c'est le *retroussé* ; il n'est qu'une Vénus réellement impudique, c'est la Vénus Callipyge. Mais, reprennent les autres, à quoi bon cette forme romanesque? Eh! qu'importe le costume de la vérité, si la vérité a la voix franche et le miroir fidèle? Qu'importe qu'Hamlet, pour découvrir le mystère qui enveloppe la mort de son père, amène Claudius et Gertrude devant des bateleurs, si ces bateleurs jouent l'histoire de Gonzague et de Baptista, sanglante et terrible allusion, et si Claudius s'écrie pâle de terreur : Des flambeaux! des flambeaux! et s'enfuit, comme Pélopidas à la représentation des *Troyennes* d'Euripide?

Mais nous voici bien éloigné de notre sujet, et nous y revenons, sûr d'avoir accompli un devoir en répondant, comme nous venons de le faire, à l'ignorance des uns, à la mauvaise foi des autres.

Après avoir conduit le lecteur à Saint-Lazare, prison des femmes, M. Eugène Sue l'amène à la Force, prison des hommes. Là, il examine la condition des détenus, leurs habitudes, et voici quelques-unes des réflexions dont il accompagne cette peinture remarquable :

« Qu'importe au condamné l'horreur qu'il inspire
» aux honnêtes gens? Il ne les voit pas! il n'en con-
» naît pas... Ses crimes font sa gloire, son influence,
» sa force auprès des bandits au milieu desquels il
» passera désormais sa vie. Comment craindrait-il la
» honte? Au lieu de graves et charitables remontran-
» ces qui pourraient le forcer à rougir et à se repentir
» du passé, il entend de farouches applaudissements
» qui l'encouragent au vol et au meurtre. »

M. Sue ne dit rien de trop ; oui, le condamné s'inquiète peu de l'opinion des honnêtes gens, parce qu'il

a perdu tout contact avec eux ; oui, il se glorifie de ses crimes, et cela est juste! au milieu de ses pareils, qui est le plus vicié est le plus estimé ; ainsi que la vertu, le crime a ses degrés et le coupable a son orgueil comme l'homme de bien. Le remords ne peut faire entendre sa voix, tant sont bruyants les applaudissements de la chambrée. Le criminel s'exalte, s'enivre à ces témoignages d'approbation et, « à peine emprisonné, il
» médite de nouveaux forfaits. Quoi de plus logique?
» s'il est découvert, arrêté derechef, il retrouvera le
» repos, le bien-être matériel de la prison et ses joyeux,
» ses hardis compagnons de crimes et de débauche... »
Bien des lecteurs ne comprendront point ces paroles, s'ils ont devant les yeux ces geôles sombres de mélodrames où le condamné, retenu à un poteau par une chaîne de fer, est à moitié couché sur de la paille fétide, ayant à ses côtés une cruche d'eau et un morceau de pain noir.

Mais le prisonnier est, au contraire, bien couché dans un dortoir chaud l'hiver, aéré l'été ; sa nourriture est saine et abondante, et il peut aisément gagner 40 à 50 centimes par jour. Quel ouvrier reste en possession d'une pareille somme quand il lui a fallu sur son salaire quotidien prélever le prix d'un repas chétif et d'un mauvais gîte? Comme le dit M. Sue, le criminel retournera donc à la geôle sans regret et même avec contentement.

« Sa corruption est-elle moins grande que celle
» des autres, manifeste-t-il, au contraire, le moindre
» remords, il est exposé à des railleries atroces, à des
» huées infernales, à des menaces terribles. »

En effet, le prisonnier qui semblerait, devant ses compagnons, se repentir de sa vie passée, ne pourrait résister long-temps à leurs moqueries! Les menaces et même les coups le ramèneraient dans la voie mauvaise dont il voudrait s'arracher.

« Enfin, chose si rare qu'elle est devenue l'excep-
» tion de la règle, un condamné sort-il de cet épou-
» vantable pandæmonium avec la volonté ferme de
» revenir au bien par des prodiges de travail, de cou-
» rage, de patience et d'honnêteté, a-t-il pu cacher
» son infamant passé, la rencontre d'un de ses an-
» ciens camarades de prison suffit pour renverser cet
» échafaudage de réhabilitation si péniblement élevé. »

Cela est vrai : le réclusionnaire libéré qui cherchera à effacer les fautes de sa vie passée par une nouvelle vie remplie par le travail et la probité, sera forcé de retomber dans le crime si l'un de ses anciens compagnons a intérêt à ce qu'il y retombe. En vain il se débattra, une dénonciation viendra révéler ce qu'il était, et celui qui l'emploie le chassera ignominieusement.

Voici le mal signalé, nous verrons dans les prochains articles ce qui le cause et les moyens d'y remédier.

DOUZIÈME ARTICLE.

Après avoir montré tout ce qu'il y a de déplorable dans notre système pénitentiaire, il est bon de remonter avec le lecteur à la cause de cet état.

La dépravation, l'endurcissement croissant du coupable sont le triste effet de la captivité en commun ; vous enfermez un voleur novice avec des voleurs consommés et des assassins passés-maîtres... Qu'en résultera-t-il ? — Que le germe de corruption enfoui dans le criminel débutant se développera et grandira au milieu des fangeux hôtes des prisons comme la graine apportée par un tourbillon sur le fumier d'une basse-cour. A ce contact perpétuel d'êtres tout à fait viciés, l'homme se noircit comme la main en palpant du billon. Malgré ses remords d'une première faute, malgré son intention formellement arrêtée de se réhabiliter, il subira la fascination de ses compagnons et, comme celui qui regarde la roulette, plein de répulsion pour le jeu, se laisse éblouir par la vue de l'or qui roule incessamment sur le tapis vert, de même les ignobles forfanteries, l'exaltation cynique, la glorification des crimes réagiront forcément sur l'âme de ce coupable. Il s'enivrera aux louanges qu'on prodigue aux assassins ; les monstrueux sophismes qui frappent journellement ses oreilles, étoufferont en lui toute voix intime, tout cri du cœur, et le voleur jeté par la loi dans une prison en punition de sa faute, sortira de cette prison *aguerri* et prêt à commettre les plus épouvantables crimes. La pensée en est en lui, et, il faut le dire, entre la pensée et l'exécution il n'y a que l'occasion.

Admettons maintenant le système cellulaire ; que chaque criminel ait son cachot séparé et ne puisse en aucune façon communiquer avec ses pareils : voici les résultats positifs qu'on obtiendra ; l'abattement terrassera les prisonniers qu'une exaltation fiévreuse surexcite, comme nous venons de le prouver ; les moins coupables ne seront pas exposés à devenir pires ; les plus criminels, si endurcis qu'ils soient, céderont à l'ennui mortel de la solitude. Voici donc le mal prévenu, voyons maintenant les remèdes à apporter au système cellulaire qui, envisagé absolument, offre de grands dangers, comme la folie et le suicide, par suite de ce profond ennui dont nous avons parlé plus haut. Que l'aumônier, le médecin et le directeur visitent tous les jours chacun des prisonniers et l'exhortent au repentir ; ces enseignements ne seront point perdus comme ils le sont aujourd'hui : quand l'un des visiteurs aura terminé sa pieuse et sainte mission, les compagnons du coupable ne viendront pas, sous un redoublement de récits monstrueux et cyniques, étouffer dans son esprit les semences de bien à mesure qu'on les y aura déposées ; c'est ce qui se passe maintenant. D'abord, nous le croyons ainsi, le prisonnier accueillera par de grossières injures et une tenace indifférence les bons enseignements qu'on lui donnera ; mais peu à peu dompté par l'isolement, il s'habituera à cette voix qui rompra seule le silence de sa cellule, puis il attendra avec impatience l'heure où elle sera habituée de se faire entendre, et enfin, il comprendra cette voix, ses oreilles s'ouvriront comme celles du sourd-muet sous le divin *ephphetha*, et l'amour du bien attisé par la consolation se rallumera dans son âme.

Ces lignes ne sont qu'une imparfaite traduction des nobles et généreuses pensées de M. Sue, qui conclut ainsi :

« Après des siècles d'épreuves barbares, d'hésita-
» tions pernicieuses, on paraît comprendre qu'il est
» peu raisonnable de plonger dans une atmosphère
» abominablement viciée des gens qu'un air pur et
» salubre pourrait seul sauver. Que de siècles pour
» reconnaître qu'en agglomérant les êtres gangrenés
» on redouble l'intensité de leur corruption, qui de-
» vient ainsi incurable ! Que de siècles pour recon-
» naître qu'il n'est en un mot qu'un remède à cette
» lèpre envahissante qui menace le corps social...
» *l'isolement*. »

Espérons que le projet de réforme pénitentiaire arrangé par M. Duchâtel, et qui rentre dans l'idée du système cellulaire, sera adopté par la chambre. Du reste, le conseil-général d'Indre-et-Loire, dans sa session de 1843, a adopté le système cellulaire pour les prisons de Tours, et voici déjà une réponse aux détracteurs de M. Sue.

Les Mystères de Paris ont éveillé l'attention de MM. les ministres. L'un d'eux a proposé à ses collègues d'intenter un procès à M. Sue et au *Journal des Débats,* mais après quelques réflexions le conseil a repoussé cette proposition. Cette tentative de persécution ne nous étonne pas ; MM. les ministres comprennent fort bien que M. Sue ne travaille pas dans leur intérêt en cherchant par de généreuses théories à améliorer le sort du faible et du pauvre. Si certaines gens n'étaient point frappés plutôt de mauvaise foi que d'ignorance, ils comprendraient la portée non pas *démocratique,* mais *démophile* de l'œuvre de M. Sue, et ne prendraient point à tâche de blâmer ou de ridiculiser ce livre. Mais, *tout vient à point à qui sait attendre,* comme disait M. de Villèle, et nous espérons bien que M. Sue fera précéder son livre d'une bonne et spirituelle préface où chacun de ces gens sera traité selon ses œuvres.

TREIZIÈME ARTICLE.

Il fut un âge heureux, l'histoire le prétend du moins, où Louis IX rendait la justice sous les ombrages frais de Vincennes. Quel bon temps que celui-là ! Seigneurs et vassaux, puissants et faibles, riches et pauvres se trouvaient en présence et réellement égaux devant ce roi populaire qui exerçait lui-même l'importante mission de juger entre les hommes.

Si jamais il en a été ainsi, nous devons l'avouer avec Pique-Vinaigre, les temps sont changés.

« La justice, dit-il avec un éclat de *rire sardonique*,
» c'est comme la viande... c'est trop cher pour que
» les pauvres en mangent... Seulement, entendons-
» nous; s'il s'agit de les envoyer à Melun, de les met-
» tre au carcan ou de les jeter aux galères, c'est une
» autre affaire... on leur donne cette justice-là *gra-*
» *tis*... Si on leur coupe le cou... c'est encore *gratis*,
» toujours *gratis*.

» Mais la justice qui empêcherait une honnête mère
» de famille d'être battue et dépouillée par un gueux
» de mari qui veut et peut faire argent de sa fille...
» cette justice-là coûte 500 francs. »

Qui ne songera avec amertume qu'après tant de siècles, après tant de révolutions, après tant de luttes où le bras et la pensée ont si vaillamment combattu, nous ne sommes arrivés qu'à une honteuse égalité, celle de l'argent, et que le pauvre, par cela seul qu'il est pauvre, se trouve en dehors de nos institutions et de nos lois. La justice qui punit vient le chercher sous son toit et le condamne s'il est coupable, rien de plus équitable! mais pourquoi frappe-t-il vainement au seuil de la justice qui défend? L'image que la statuaire nous donne de la justice est complétement fausse pour l'indigent. Le bandeau dont on couvre ses regards ne lui semble pas l'emblème de l'impartialité, mais de la cécité : car elle a des yeux pour ne le pas voir; elle a des oreilles pour ne pas l'entendre, des lèvres pour ne lui point parler. Les plateaux de sa balance ne sont pas en équilibre; il y a dans l'un un sac d'or qui y pèse aussi lourd, aussi implacable que le glaive du Brenn gaulois dans la balance romaine, et, quelque inscription qui soit gravée sur le socle, le pauvre n'y peut lire que celle-ci : *Væ miseris!*

En effet, « plaider devant les tribunaux civils en-
» traîne des frais énormes et inaccessibles aux ar-
» tisans qui vivent à grand'peine d'un salaire insuffi-
» sant. Pourtant, le pauvre n'a d'autre vie que la
» vie domestique ; la bonne ou mauvaise conduite
» d'un chef de famille d'artisans n'est pas seulement
» une question de moralité, c'est une question de
» pain. »

Par malheur, il se rencontre souvent qu'un ouvrier est fainéant, débauché ; quand il rentre dans son ménage, après une journée passée au cabaret, si le moindre reproche l'accueille à son arrivée, si la femme justement indignée, s'emporte contre lui, ivre de vin bleu, stupide, il la frappera en l'accablant des noms les plus orduriers. Et peut-être des enfants seront témoins de cette scène aussi hideuse qu'infâme. Parfois il se fera qu'il conduira sa concubine dans la seule chambre de la famille, et si, un jour, l'épouse légitime, lasse de ces tortures et de ces humiliations incessantes, emmène ses enfants pour les soustraire à de détestables exemples et à la misère que rendent inévitable la fainéantise et l'inconduite de son mari, l'une en ne produisant rien, l'autre en glanant jusqu'au dernier centime le chétif salaire que la mère amasse si péniblement, elle ne pourra trouver le calme qu'elle aura cherché. La loi est précise ; l'époux a le droit de se présenter dans son nouveau réduit, d'y commander en maître et de vendre jusqu'à la dernière nippe, jusqu'au berceau de ses enfants, ce que la loi qui saisit le débiteur ne peut pas faire.

« Eh bien ! lorsqu'aux douleurs de l'âme se joint

» pour une malheureuse mère la misère de ses en-
» fants ; n'est-il pas monstrueux que la pauvreté de
» cette femme la mette hors la loi et la livre sans dé-
» fense, elle et sa famille, aux odieux traitements d'un
» mari fainéant et corrompu ? »

Il ne faut pas s'y tromper ; dans la circonstance que nous venons de mentionner, le sort de la femme de l'ouvrier est mille fois plus affreux que celui de la femme du monde. Car elle a de plus qu'elle, la misère !

« La justice civile, comme la justice criminelle,
» ne devrait-elle pas être accessible à tous ? Lorsque
» des gens sont trop pauvres pour pouvoir invoquer
» le bénéfice d'une loi éminemment préservatrice et
» tutélaire, la société ne devrait-elle pas, à ses frais,
» en assurer l'application, par respect pour l'hon-
» neur et le repos des familles ? »

QUATORZIÈME ARTICLE.

Un homme ouvre une jalousie la nuit, pénètre dans une chambre, brise une serrure et commet un vol ; la justice s'empare du coupable, le juge et, dans l'intérêt de la société dont elle est le protecteur-né, elle le condamne. L'homme a subi sa peine, il est quitte envers cette société qu'il avait attaquée ; celle-ci lui doit aide et protection comme et plus qu'à tout autre, et cependant « quelles précautions prend-elle pour em-
» pêcher le réclusionnaire libéré de retomber dans le
» crime ? Aucune... Lui rend-elle possible, avec une
» charitable prévoyance, le retour au bien, afin de
» pouvoir sévir, ainsi que l'on sévit d'une manière
» terrible, s'il se montre incorrigible ? Non !... la
» perversion contagieuse de vos geôles est tellement

» connue et si justement redoutée, que celui qui en
» sort est partout un sujet de mépris, d'aversion et
» d'épouvante ; serait-il vingt fois homme de bien, il
» ne trouvera presque nulle part de l'occupation. »

Non ! la société ne fait pas son devoir ! Après l'expiation de la faute, elle ne sait pas réhabiliter l'ex-criminel ; et l'incurie profonde qu'elle témoigne à son égard, ramène forcément ce dernier au degré d'abaissement et de honte où il était descendu. Que la justice atteigne et frappe le coupable, rien de mieux ; mais que le châtiment dure lorsque la faute est lavée, voici ce que nous ne saurions admettre : car Dieu pardonne au repentir, Dieu pardonne à qui a beaucoup souffert ; et pourtant, le repentir et la souffrance ne sont d'aucun poids dans la balance des hommes.

Nous ne blâmons pas cette surveillance que s'arroge la société sur les hommes qui sont sortis de ses prisons ou de ses bagnes. Il lui faut des garanties, nous le concevons ; il faut qu'on ne lui nuise plus : mais il serait utile pour cela qu'elle mît les libérés en état de revenir au bien, et voilà justement ce qu'elle néglige.

Cette surveillance dont nous venons de parler,
« cette surveillance flétrissante exile le réclusionnaire
» libéré dans de petites localités où ses antécédents
» doivent être immédiatement connus, et où il n'aura
» aucun moyen d'exercer les industries exceptionnel-
» les souvent imposées aux détenus par les fermiers
» de travail des maisons centrales. »

Oui ! la justice fait ainsi ; au sortir de la prison, elle relègue le libéré dans les bourgades, et cela sous le prétexte spécieux qu'il est plus que partout ailleurs sous la main de ses exécuteurs.

Ainsi, Joseph sort du bagne après avoir traîné à son pied le boulon de l'infamie, tout le temps qu'à voulu la loi ; il espère pouvoir cacher sa honte dans quelque carrefour de grande ville où, sans lui demander compte des jours écoulés, on lui donnera pour son travail un salaire quelconque. Point ! le garde-chiourme qui détache ses fers, dit à Joseph : Vous êtes libre, allez ! seulement rendez-vous à tel village, autrement la justice vous *empoignera* comme ayant rompu votre ban. Et Joseph part, triste et découragé, car il a perdu l'espérance de cacher à tous les yeux son infamant passé. En effet, il arrive au lieu désigné; et sa venue est aussitôt apprise, puisqu'il lui faut rendre compte tous les huit jours de ses *faits et gestes* à la mairie de l'endroit. Nous le disons avec douleur, le passé des criminels leur ferme l'avenir ! Nul ne nous démentira, ou à celui-là nous demanderions s'il accueillerait un homme qui se présenterait ainsi à lui : Monsieur, pour vol ou pour assassinat j'ai été condamné à tant d'années de prison ou de bagne, *j'ai fait mon temps*, on m'a assigné cette ville pour résidence, voulez-vous me recevoir au nombre de vos ouvriers, ou me recommander à vos amis? Non certes, il ne le ferait pas et peut-être aurait-il raison... Pourquoi un particulier faible et sans défense, si on le compare à la toute-puissante société, oserait-il plus que cette dernière? Non, quand ce criminel lui déroulerait toutes les pages de son passé, un instinct répulsif le ferait tressaillir, et il lui crierait en s'éloignant : Vat-t'en ! va-t'en ! C'est qu'aussi bien peu ont cette force de volonté et cette inépuisable bonté d'âme qui faisaient que le Nazaréen s'arrêtait devant les lépreux et, sans redouter le contact de leur horrible maladie, leur imposait les mains et les renvoyait en leur disant : Allez, et soyez guéris. La lèpre morale est tout aussi effrayante que la lèpre physique, et l'homme imploré par le libéré le chassera, ne pouvant croire à son repentir, et voyant à travers un nuage sanglant les jours qu'il passerait dans son champ ou dans son atelier.

« La condition d'un libéré est donc beaucoup plus
» fâcheuse, plus pénible, plus difficile qu'elle ne l'était
» avant sa première faute; il marche entouré d'en-
» traves, d'écueils ; il lui faut braver la répulsion, les
» dédains, souvent même la plus profonde misère. Et
» s'il succombe à toutes ces chances effrayantes de
» criminalité, et s'il commet un second crime, vous
» vous montrez mille fois plus sévère envers lui que
» pour sa première faute. »

Il est récidiviste, dit-on ! Il avait été puni et cependant le châtiment n'a pas été salutaire, donc il était trop léger, trop indulgent, il faut l'augmenter. Oui ! parce que cet homme a cherché vainement du travail, qu'il s'est traîné aux genoux de la société, en criant : Pourquoi me proscrire ? Je ne vous dois plus rien ! Je vous ai payé avec ma liberté, avec mes joies, avec mon honneur dont vous m'avez pris la plus grande part. Par pitié, faites que je mange ; ces bras que je tends vers vous, utilisez-les !... et que la société s'est détournée de lui en laissant ce malheureux seul avec sa misère, il doit être sévèrement puni. Il a pleuré toutes ses larmes, cet homme ; il a promené son oisiveté famélique partout et puis, un jour, il s'est trouvé au coin d'une rue, les yeux secs, l'estomac vide ; et il s'est demandé ce qu'il avait à faire, à cette heure où toute ressource lui échappait, où la preuve lui était bien acquise que, si Dieu pardonne, la société ne pardonne pas, et alors, soit haine pour cette dernière, envers laquelle il s'était acquitté, soit amour de soi, instinct de conservation, cet homme a recueilli sa dernière force et s'est jeté dans un nouveau crime, avec cette ardeur fiévreuse du coupable d'autrefois qui se précipitait dans un lieu saint, en criant : Asile !

Ce surcroît de punition « est injuste, car c'est pres-
» que toujours la nécessité qu'on lui en fait qui le
» conduit à un second crime. Oui, car il est démontré
» qu'au lieu de corriger, le système pénitentiaire ac-
» tuel déprave. Le terrible châtiment qui frappe les ré-
» cidivistes serait juste et logique si les prisons mora-
» lisaient, épuraient les détenus et si, à l'expiration de
» leur peine, une bonne conduite leur était, sinon fa-
» cile, du moins généralement possible. »

QUINZIÈME ARTICLE.

Jean-Paul a écrit quelque part : « Herder et Schiller voulurent se faire chirurgiens dans leur jeunesse, mais le destin le leur défendit. Il existe, leur dit-il, des blessures plus profondes que celles du corps : guérissez-les ! Et tous les deux écrivirent. »

Nous savons que M. Sue, qui compte dans sa famille deux chirurgiens illustres, élèves de Devaux et de Verdier, pratiqua pendant quelque temps la science chirurgicale ; nous ne saurions trop le féliciter d'avoir, à l'exemple d'Herder et de Schiller, abandonné le scalpel pour la plume et de chercher à guérir plutôt les plaies morales que les plaies matérielles.

Depuis assez long-temps, les gens progressifs et démophiles se contentaient de psalmodier sur différents tons : Le peuple souffre ! le peuple souffre ! et la société (nous voulons dire les heureux du monde) troublée d'abord par ce cri s'y était habituée et ne le regardait plus que comme un bourdonnement incommode ; mais aujourd'hui, la foule ce n'est point une hyperbole, la foule s'est émue et les riches ont compris et *croient* qu'il y a en effet sur cette terre des pauvres et des misérables. Cette conscience du paupérisme amènera tôt ou tard une grande réforme et M. Sue aura atteint son but.

Dans les *Mystères de Paris*, l'auteur a mis au service des vérités sociales les plus sèches, les plus ardues, sa riche imagination de poète, et c'est avec une énergique indignation qu'il attaque aujourd'hui la coupable indulgence de la loi à l'égard des officiers publics qui manquent au premier, au plus saint de leurs devoirs, la probité.

En effet, cette loi si sévère, si implacable pour tous les autres devient quasi facile et élastique, quand il s'agit d'un notaire. Brutale pour celui-là, elle se fait polie pour celui-ci ; autant elle châtie avec rudesse le premier, autant elle punit paternellement le second.

Ainsi, un valet profitera du sommeil de ses maîtres, pour enlever une montre ou une bourse, ou bien encore un misérable s'introduira la nuit par-dessus les murs, au péril de sa vie, et forcera un secrétaire, la justice sera terrible pour les frapper.

Cela est juste..... Celui-là a commis un vol domestique, celui-ci s'est rendu coupable d'un vol effractif. « Mais qu'un huissier, mais qu'un officier
» public quelconque vous dérobe l'argent que vous
» avez forcément confié à sa qualité officielle, non
» seulement ceci n'est plus assimilé au vol domes-
» tique ou au vol avec effraction, mais ceci n'est
» pas même qualifié vol par la loi. Vol, fi donc!
» ABUS DE CONFIANCE, à la bonne heure! C'est plus

» délicat, plus décent et plus en rapport avec la con-
» dition sociale, la considération de ceux qui sont ex-
» posés à commettre ce... délit !... Car cela s'appelle
» DÉLIT !... CRIME serait aussi trop brutal.

» O comble de l'équité ! ô comble de la justice dis-
» tributive ! Un serviteur vole un louis à son maître,
» un affamé brise un carreau pour voler un pain...
» Voilà des crimes ! Vite aux assises ! Un officier pu-
» blic dissipe ou détourne un million, c'est un ABUS
» DE CONFIANCE... Un simple tribunal de police cor-
» rectionnelle doit en connaître. »

Un officier public est à tous les yeux revêtu d'un caractère honorable ; un notaire, par exemple, dépositaire de la confiance et de la fortune de tous, a, non pas un métier à exercer, mais une mission à remplir. Pour lui, les familles n'ont point de secrets ; c'est à lui que le riche confie la dot de ses enfants, c'est dans sa caisse que le pauvre verse les petites économies qui vaudront du pain à sa vieillesse. Plus la confiance que l'officier public inspire est grande, plus il est coupable d'en abuser; car « qu'est-ce donc qu'un abus de con-
» fiance, sinon un vol domestique, mille fois aggravé
» par ses conséquences effrayantes et par le caractère
» officiel de celui qui le commet? En quoi un vol avec
» effraction est-il plus coupable qu'un vol avec abus
» de confiance? Comment vous osez déclarer que la
» violation morale du serment de ne jamais forfaire à
» la confiance que la société est forcée d'avoir en vous,
» est moins criminelle que la violation matérielle
» d'une porte? »

Ainsi, un misérable sans instruction, sans connaissance des lois, pressé parfois par la misère, est plus coupable en volant vingt francs que l'officier public, instruit et versé dans l'étude du code, qui emporte l'argent qu'on lui a confié ; ainsi le filou qui crochette une porte pour dérober quelques mauvaises nippes dans un grenier, est plus coupable que le notaire qui brise son serment !... Mais le serment est chose bien plus inviolable qu'une porte ! Mais emporter un dépôt est un fait bien autrement grave que de dérober quelques pièces de monnaie ; mais enfin, entre le goujat stupide et le notaire éclairé, le plus misérable, le plus criminel ce n'est pas le premier, en faveur duquel on peut du moins alléguer l'ignorance et le besoin.

Ô justice ! quels funestes effets résultent de ta coupable préférence ! La confiance publique est morte et ceux qui furent trompés tant de fois appliquent aux notaires ce que Polybe disait des Grecs : « Demandez-» leur douze cautions et douze serments et, quand ils » vous les auront donnés, ne dormez pas tranquilles. »

Cela est injuste, souverainement injuste, il se trouve parmi les officiers publics des hommes notoirement honorables et qui ne devraient, comme la femme de César, pas même être soupçonnés ; s'ils portent la peine de ce qu'ils n'ont point fait, s'il leur faut fléchir sous le poids de la défiance, c'est que le malheur ne raisonne pas. Quand on a vu, comme nous, arriver les clients par centaines à la porte d'une étude fermée de la veille, et demander avec des larmes l'argent qu'on leur avait volé, on comprend et on excuse cette injustice. On rencontre là des mères qui comptaient sur leur petit pécule pour élever leurs enfants, de pauvres domestiques qui espéraient, grâce à leurs économies, pouvoir quitter, un jour, le collier de servitude que la misère leur avait rivé ; d'autres qui, réduits au plus complet dénûment, se voient obligés de se courber sous ce joug si lourd et si humiliant de la domesticité et, au milieu des imprécations qui surgissent douloureuses et amères, on ne se sent pas la force de demander quelques exceptions.

Dernièrement encore, nous avons assisté à une scène qu'aucune expression ne pourrait qualifier. Une pauvre femme, septuagénaire et infirme, se traînait à la porte d'un notaire qui venait de faire banqueroute et demandait en pleurant : Mon argent, mon pauvre argent. Cette femme se trouvait dans la faillite pour six cents francs. Six cents francs, somme bien mesquine en apparence ; mais cette *misère* était une fortune pour la malheureuse femme, c'était le fruit de *cinquante* ans d'économie ! et songez ce qu'il avait fallu de parcimonie et de patience pour amasser si peu de chose. Cette femme n'avait d'autre industrie que *de vendre de la salade qu'elle criait par les rues.* Pendant deux heures elle resta près de la porte, usant sa voix et ses larmes à redemander et à pleurer son argent ; puis lasse et à demi morte, elle s'en fut. Dix minutes après, le notaire sortait de chez lui, le fusil sur l'épaule, et s'en allait ouvrir la chasse dans *la propriété* de sa femme.

« Plus les crimes sont graves, plus ils compro-
» mettent l'existence des familles, plus ils portent at-
» teinte à la sécurité, à la moralité publique... moins
» ils sont punis. De sorte que plus les coupables ont
» de lumières, d'intelligence, de bien-être et de con-
» sidération, plus la loi se montre indulgente pour
» eux. Frappez impitoyablement le pauvre, s'il attente
» au bien d'autrui, mais frappez impitoyablement
» aussi l'officier public qui attente au bien de ses
» clients. »

Oui ! frappez tous ces loups-cerviers qui déchirent impunément aujourd'hui ! attachez au pilori de l'infamie tous ces *saint Vincent-de-Paul* du notariat qui assassinent, non pas un homme, mais cent familles. Si la justice doit être indulgente, qu'elle le soit pour le misérable dont une bienfaisante instruction n'a pas développé l'intelligence, qui, battu et terrassé par le malheur, ne croit pas à un Dieu juste et miséricordieux ; de la pitié pour lui, soit! s'il a détaché un fruit de l'arbre du voisin, c'est qu'il avait soif, c'est que, n'ayant rien à lui, il n'apprécie pas le droit de propriété. Mais qu'on frappe impitoyablement l'officier public qui manque à sa mission. Il sait, celui-là, il ne souffre ni de la faim, ni de la soif. Que pour lui, l'on soit sans pitié, car il commet le plus épouvantable de tous les crimes, il assassine ses hôtes, lâchement pendant qu'ils dorment le sommeil de la confiance ; car, enfin, il ne rougit pas de sacrifier la considération dont on l'entoure à quelques écus, et d'absoudre son ignoble crime par cette maxime ignoble : L'or lave la honte!

Pour conclure, « nous voudrions que, grâce à une » réforme législative, l'abus de confiance commis par » un officier public fût qualifié VOL et assimilé pour » le MINIMUM de la peine au vol domestique, et pour » le MAXIMUM au vol avec effraction et récidive. La » compagnie à laquelle appartiendrait l'officier public » serait responsable des sommes qu'il aurait volées en » sa qualité de mandataire forcé et salarié. »

SEIZIÈME ARTICLE.

Un de nos abonnés nous adresse une longue lettre où il nous demande comment nous avons pu comparer un notaire fripon avec saint Vincent-de-Paul ; de plus, à propos des *Mystères de Paris,* il reproche à

M. Sue de n'avoir point assez châtié son style, de s'être servi de l'argot, d'avoir enveloppé ses pensées morales dans une forme romanesque et d'avoir peint des scènes de débauche et de crime dans son livre, ce qui empêchera les mères de le confier à leurs filles.

Voici notre réponse à notre honorable correspondant :

François-de-Salles a dit de saint Vincent-de-Paul, qu'il ne « connaissait pas dans l'Église un plus digne » prêtre que lui ; » et si nous rappelons ces paroles, c'est que, mieux que toutes autres, elles expriment notre opinion sur le religieux de Saint-Lazare. Nul n'a plus que nous en vénération le saint aumônier des galères qui prit les fers et la place d'un pauvre forçat, afin de rendre celui-ci à sa famille plongée dans la misère! Pour essayer d'insulter à cette noble figure, il nous eût fallu oublier qu'avant saint Vincent-de-Paul on vendait les enfants trouvés, *un franc la pièce,* dans la rue Saint-Landri, et cela en pitié, disait-on, des femmes malades auxquelles ces innocentes créatures étaient nécessaires pour sucer un lait corrompu. Le noble religieux s'émut devant ce trafic infâme, et, après avoir épuisé toutes ses ressources en faveur des enfants trouvés qu'il avait rencontrés d'abord, il convoqua une assemblée de dames charitables et leur exprima avec une si grande éloquence la misérable position de ses protégés que, le même jour, au même instant, dans la même église, une seule collecte produisit de quoi fonder et doter l'hôpital des Enfants-Trouvés. Voilà un de ces actes trop sublimes pour que le cœur les oublie. Non! Dans notre esprit, l'Église n'eut jamais *un plus digne prêtre* que Vincent-de-Paul comme l'a dit saint François-de-Sales; et « l'humanité

» peut le compter parmi ses plus illustres bienfaiteurs, » selon l'expression si vraie du cardinal Maury.

Quand nous disions les *saint Vincent-de-Paul du notariat*, c'était en mémoire du sieur Lehon qui cachait le voleur, comme le Ferrand du roman, sous les dehors d'une piété austère; du sieur Lehon que son avocat n'a pas craint d'appeler aux débats *le saint Vincent-de-Paul du notariat*.

Maintenant nous tenons à trop grand honneur la délicate amitié que veut bien nous témoigner M. E. Sue, pour passer sous silence ce qui le concerne dans la lettre que nous avons reçue.

Le premier point à remarquer, c'est que la critique de notre correspondant ne frappe que sur la partie romanesque de l'ouvrage et nullement sur la partie morale. M. Sue a négligé son style, oui! M. Sue nous l'a confessé à nous-même : « J'ai tant de vérités à dévoiler, nous disait-il, qu'il ne m'est pas possible de calculer mes phrases. Ce serait mal, en somme, car, si mon livre doit amener ceux qui nous gouvernent à exécuter quelques réformes utiles, quels reproches ne devrais-je point me faire d'avoir retardé, pour une vaine satisfaction d'amour-propre, la révélation de ces mystères infâmes, non pas tant par leur nature que par le lieu où ils se passent, c'est-à-dire au milieu d'une société civilisée. »

M. Sue a fait assez souvent preuve de style pour qu'on n'ait rien à lui réclamer de ce côté. En outre, sauf quelques négligences faciles à corriger, *les Mystères de Paris* sont écrits avec cette éloquence du cœur, qui est à nos yeux la seule et véritable éloquence. Donc, l'auteur pouvait impunément faire abnégation de sa réputation d'écrivain, il n'avait pas un iota à y perdre; mais, pour convaincre notre estimable correspondant de la pureté des intentions de M. Sue, nous nous portons garant qu'il eût agi de même s'il en eût été à son premier ouvrage, en admettant, ce qui est inadmissible, que *les Mystères de Paris* puissent être un premier ouvrage.

Pour ce qui est de l'argot, nous avons discuté cette question en commençant notre analyse. C'est une affaire d'école, et nous déclarons en notre âme et conscience qu'il est bien de donner à chaque classe de la société le langage qui lui est propre.

Si maintenant nous prenons les scènes de débauche et de crime des *Mystères de Paris*, nous dirons que l'ouvrage eût menti à son titre en ne les mentionnant pas. Nous le répétons, M. Sue n'a pas fait la société mauvaise, c'est la société qui s'est offerte mauvaise à M. Sue.

Un homme honorable, un homme de bien, Parent-Duchâtelet, a écrit en tête de son livre de la prostitution :

« Une des lois constantes de la nature, c'est que
» les êtres vivants ressemblent à ceux qui les pro-
» duisent, et que les générations se transmettent les
» vices aussi bien que les bonnes qualités du corps et
» de l'esprit : de là le précepte donné aux chefs des
» États par les législateurs de tous les temps, de sur-
» veiller les générations présentes en vue des généra-
» tions futures, d'éloigner d'elles les maladies et les
» infirmités en fortifiant leur constitution, et de faire
» concourir au perfectionnement moral et physique
» des populations tous les moyens capables de con-
» duire à ce but. »

Certes, nous sommes de cet avis : que la mère défendra la lecture des *Mystères de Paris* à sa fille; mais elle lui défendra aussi la lecture de la Bible et des Confessions de saint Augustin.

Les Mystères de Paris sont appelés à remuer notre organisation sociale, nous le croyons ; il se trouvera d'abord bien de la boue à la surface, mais les hommes de cœur ne doivent pas reculer pour si peu. Une jeune fille pieusement élevée par sa mère est gardée des rues honteuses qui blesseraient ses pudiques regards, elle doit être gardée aussi des livres qui dévoilent ces rues honteuses ; mais l'homme peut et doit hardiment marcher dans cette fange pour la sécher, mais l'homme doit assainir le terrain insalubre et, là *où grouillait la honte,* semer le grain de l'honneur et de la vertu.

DIX-SEPTIÈME ARTICLE.

Au moment où nous défendions la pensée morale du roman de M. Eugène Sue, il nous tombait sous les yeux le *Bulletin des tribunaux* où nous lisions avec un sentiment d'horreur profonde les ignobles débats de l'affaire Eon, Abadie, etc. Nous y avons vu quelques nobles paroles de M. Mongis, avocat du roi, que nous rapportons ici :

« L'auteur d'un livre qui, dans ce moment, *occupe à juste titre l'attention publique* a présenté des scènes à peu près semblables à celles qui s'agitent dans ce moment devant le tribunal, mais qui restent au-dessous de la vérité. Là aussi, il y a une femme affreuse qui violente une jeune fille pour la pousser à la corruption. Mais, au moins, la femme qui martyrisait la pauvre Fleur-de-Marie, cette femme n'était point sa mère ! »

C'est qu'en effet, et nous ne saurions mieux citer,

pour la défense du roman, M. Sue est resté au-dessous de la vérité. La conduite de la Chouette est ignoble, c'est vrai! mais combien elle serait plus ignoble encore si la hideuse compagne du Maître d'école était a mère de la Goualeuse!.. Nous remercions M. Mongis de ses paroles, il y a du courage à venir, à la face d'un tribunal, défendre un ouvrage que MM. les gens du roi eussent bien désiré *griffer*.

Si maintenant, car il faut finir ce qu'on a commencé, on nous disait que M. Sue a eu tort de publier son livre dans un journal, nous répondrions qu'il n'est pas une des feuilles périodiques qui ne saisisse, avec avidité, l'occasion de remplir ses colonnes avec le récit des crimes qui viennent chaque jour se dénouer devant la justice; ainsi tous les journaux ont parlé de l'héroïne du Glandier; aucun n'a omis l'assassinat de M. de Marcellange; et, certes, on peut écrire dans un feuilleton ce qu'on écrit dans un article cour d'assises, surtout quand le feuilleton, comme celui de M. Sue, indique le remède à côté du mal.

Dans sa huitième partie, l'auteur se sert de ces sublimes paroles du Christ : Aimons-nous les uns les autres! pour dérouler un admirable système qui, mis en pratique, confondrait la fraternité et la charité, ces deux dogmes éternels du christianisme.

Oui! *l'établissement de la banque des travailleurs sans ouvrage* est une noble et généreuse idée.

« Le fondateur, dit M. Sue, s'adresse d'abord aux
» ouvriers honnêtes, laborieux et chargés de famille,
» que le manque de travail réduit souvent à de cruelles
» extrémités. Ce n'est pas une aumône dégradante
» qu'il fait à ses frères, c'est un prêt gratuit qu'il
» leur offre. Puisse ce prêt, comme il l'espère, les
» empêcher souvent de grever indéfiniment leur avenir

» par les emprunts écrasants qu'ils sont forcés de con-
» tracter afin d'attendre le retour du travail, leur
» seule ressource, et de soutenir leur famille, dont ils
» sont l'unique appui. »

Imaginez une banque établie d'après ces principes et convenez que le sort du pauvre ouvrier serait sensiblement amélioré ; réduit à l'inaction, soit par une fermeture d'atelier, soit par une maladie, il ne serait pas obligé d'emprunter aux juifs de notre époque une petite somme à un intérêt énorme, et il pourrait attendre patiemment ou un nouvel *embauchage* ou la reprise de ses travaux.

« Pour garantie de ce prêt, le fondateur ne demande
» à ses frères *qu'un engagement d'honneur et une soli-*
» *darité de parole jurée*. A cet engagement adhéreront,
» comme garants, deux camarades, afin de développer
» et d'étendre par la solidarité la religion de la pro-
» messe jurée. »

Cet engagement d'honneur, qui pourrait sembler à nos spéculateurs du jour *une aimable plaisanterie*, est cependant suffisant ; car, de mémoire d'usurier, le petit peuple n'a pas manqué à sa parole, et, quoique n'étant lié par aucun écrit, il a toujours intégralement remboursé le capital et les intérêts, à moins de mourir de faim.

« Ne pas dégrader l'homme par l'aumône.... ne
» pas encourager la paresse par un don stérile.....
» exalter les sentiments d'honneur et de probité na-
» turels aux classes laborieuses.... venir fraternelle-
» ment en aide au travailleur qui, vivant déjà diffi-
» cilement au jour le jour, grâce à l'insuffisance des
» salaires, ne peut, quand vient le chômage, sus-
» pendre ses besoins, ni ceux de sa famille, parce

» qu'on suspend ses travaux, telles sont les pensées
» qui ont présidé à cette institution. »

Souvent il advient qu'un ouvrier brisé par un excès de travail, est forcé de s'aliter quelques jours ; d'autres fois, c'est une suspension de travaux qui le jette momentanément sur le pavé, et, dans les deux cas, le malheureux subit cette gêne qui engendre la misère par suite. C'est qu'aussi le salaire des travailleurs est si modique qu'ils ne peuvent mettre de côté que de très-petites sommes, et cela à de longs intervalles. Supposez l'un des deux événements dont nous venons de parler, et le minime fonds de réserve, les quelques écus grapillés, centime par centime, sur le prix de la journée, seront bien vite passés, soit chez le médecin, soit chez le boulanger, car, selon la maladie ou le manque d'ouvrage, il faut ou se guérir ou manger. Quand ses ressources sont épuisées l'ouvrier ne tarde pas à recourir aux emprunts, sa pauvreté ne lui permettant pas d'obtenir un long crédit. Le malheureux n'a pas accès chez les banquiers honnêtes, qui ne peuvent risquer leurs fonds, et il s'adresse aux usuriers, qui lui lâchent un prêt modique, pour un temps très-court et avec un intérêt qui varie de 20 à 100 p. 100. Cela peut paraître exagéré, mais, ces jours derniers, on jugeait à Paris un de ces infâmes prêteurs à la petite semaine et, entre autres délits, il était convaincu d'avoir prêté 50 fr. pour trois mois avec intérêt de 1 fr. 50 cent. par semaine. Nous ne connaissons pas la pénalité qui s'applique à l'usure ; mais elle a grand besoin aussi d'une réforme, si cet homme qui n'a été condamné qu'à trois mois de prison et à 100 fr. d'amende ne pouvait encourir un châtiment plus exemplaire. La traite des pauvres est aussi infâme, aussi ignoble, aussi inhumaine que celle des noirs, nous voudrions voir un plus grand rapprochement entre les peines auxquelles sont soumis ces deux crimes.

Forcé de subir ces conditions, car la faim est une mauvaise conseillère, *malesuada fames*, l'ouvrier se trouve, pour le présent, exempt d'embarras ; mais à peine l'ouvrage lui est-il revenu, qu'il se trouve débiteur d'une somme énorme pour lui. Alors, ou il est obligé de contracter un nouvel emprunt, ou bien il voit saisir le misérable mobilier qu'il possède. De toutes façons, c'est la misère qui succède à la gêne.

Maintenant, admettez que cette banque de travailleurs sans ouvrage soit fondée... l'ouvrier besogneux y trouvera, après avoir exhibé son livret, sur sa parole et sous la solidarité de deux de ses amis, une somme à emprunter et sans intérêts. Relevé à ses propres yeux par l'entière confiance qu'on lui témoigne, sans inquiétude sur l'avenir de sa dette, l'ouvrier, alors, s'il est malade, se rétablira plus vite, car les souffrances physiques cèdent promptement quand elles ne sont pas aiguillonnées par les tortures morales, et, s'il manque d'ouvrage, il attendra patiemment, car il n'aura pas à chaque instant sous ses yeux la vue d'un emprunt dont les intérêts grossissants auront bientôt doublé et triplé le capital.

A Avignon, cet admirable établissement est en vigueur. Que faudrait-il pour qu'il en fût de même à Orléans ? quelques personnes charitables ! Avec une donation, nulle pour les riches, on arriverait à accomplir cette pieuse mission, qui est conférée aux heureux de ce monde : de faire le bien sans humiliation ; et c'est dans l'espoir que notre voix sera entendue que nous avons si longuement développé l'idée admirablement sainte de M. Eugène Sue.

DIX-HUITIÈME ARTICLE.

Quoique entraîné vers le dénoûment de son œuvre, M. Sue trouve encore le moyen de faire surgir çà et là quelque bonne et belle pensée au milieu des nombreux acteurs qu'il est obligé de rapprocher. Jamais les vices de notre organisation sociale, jamais les divers modes de l'exploitation du pauvre n'avaient été dénoncés avec plus d'énergie et de talent. Aujourd'hui M. Sue entre dans un hospice, et y dévoile des mystères qu'on n'oserait soupçonner.

Beaucoup de médecins, et nous voulons parler de ceux-là qu'on nomme *les princes de la science*, ont la funeste manie d'essayer les nouveaux traitements sur les malheureux que la misère amène à l'hôpital. Aveuglés par l'amour de la science, ils oublient toutes notions d'humanité et, comme si les malades étaient une chose à eux, ils expérimentent, sans songer, mon Dieu! que l'expérience peut tuer l'être faible et souffrant qu'ils ont choisi pour *sujet*. Comme Benvenuto, je crois, qui poignarda son modèle en travaillant au crucifix du palais Pitti, ces médecins ne voient que la science et pensent bien consciencieusement que la vie d'un homme pèse peu de chose à côté d'une découverte.

Faites avancer la science, dit M. E. Sue, « mais
» tenter vos aventureuses médications sur de mal-
» heureux artisans dont l'*hospice* est le seul refuge
» lorsque la maladie les accable, mais *essayer* un
» traitement peut-être funeste sur des gens que la
» misère vous livre confiants et désarmés... à vous
» leur seul espoir, à vous qui ne répondez de leur vie
» qu'à Dieu, savez-vous que cela serait pousser l'a-
» mour de la science jusqu'à l'inhumanité?...

» Comment! les classes pauvres peuplent déjà les » ateliers, les champs, l'armée ; de ce monde, elles ne » connaissent que misère et privations : et, lorsqu'à » bout de fatigues et de souffrances, elles tombent » exténuées... demi-mortes, la maladie même ne les » préserverait pas d'une dernière et sacrilége exploi- » tation? »

N'est-il pas amer et douloureux, en effet, de penser que la maladie ne sauvegarde pas suffisamment le pauvre, que l'hospice ne lui offre pas un asile assuré, et que là encore il est exploité? C'est une monstruosité, songer que les remèdes donnés à ce malheureux peuvent aussi bien le tuer que le sauver ; songer que le pauvre, en croyant entrer dans l'hôtel de Dieu, entre dans un amphithéâtre où, au lieu de chercher à le guérir, le médecin travaillera sur lui vivant, comme après l'anatomiste sur lui mort.

« Un tel état de choses ferait regretter la barbarie » de ce temps où les condamnés à mort étaient expo- » sés à subir des opérations chirurgicales récem- » ment découvertes... mais que l'on n'osait encore » pratiquer sur le vivant... L'opération réussissait- » elle, le condamné était gracié. »

Dans ce cas, au moins, l'expérience, si elle était barbare, n'était point criminelle ; des hommes condamnés à mourir pouvaient ainsi racheter leur vie. C'était un coup de dé. Mais ces hommes n'étaient point, comme les pauvres qui peuplent les hospices, d'innocentes créatures que le médecin doit protéger, car c'est là sa mission devant la société qui l'investit de ses importantes fonctions, qu'il doit sauver, car c'est là sa mission devant Dieu qui lui donne la science.

« Les hôpitaux militaires sont, chaque jour, visi-

» tés par un officier supérieur chargé d'accueillir les
» plaintes des soldats malades, et d'y donner suite si
» elles lui semblent raisonnables. Cette surveillance
» contradictoire, complétement distincte de l'admi-
» nistration et du service de santé, est excellente;
» elle a toujours produit les meilleurs résultats. Il est
» d'ailleurs impossible de voir des établissements
» mieux tenus que les hôpitaux militaires. Les sol-
» dats y sont soignés avec une douceur extrême et
» traités, nous dirions presque avec une commisé-
» ration religieuse. »

Ce surveillant spécial est, aux yeux des malades, leur protecteur né, leur défenseur réel. Ils craignent en s'adressant aux membres de l'administration, ou que leur plainte soit dédaignée, ou même qu'elle indispose contre eux, car, en effet, il existe une telle solidarité entre les médecins et le comité d'hospice que le blâme allégué contre un d'eux retombe implicitement sur l'autre.

« Pourquoi une surveillance analogue à celle que
» les officiers supérieurs exercent dans les hôpitaux
» militaires n'est-elle pas exercée dans les hôpitaux
» civils par des hommes complétement indépendants
» de l'administration et du service de santé, par
» une commission choisie, peut-être parmi les mai-
» res, leurs adjoints, parmi tous ceux enfin qui exer-
» cent les diverses charges de l'édilité parisienne,
» charges toujours si ardemment briguées? Les ré-
» clamations des pauvres (si elles étaient fondées)
» auraient ainsi un organe impartial, tandis que, nous
» le répétons, cet organe manque absolument; il
» n'existe aucun contrôle contradictoire du service
» des *hospices*.

» Et cela n'est ni humain, ni juste; c'est parce que

» le pauvre entre à l'*hospice* au nom saint et sacré de » la *charité* qu'il doit être traité avec compassion, » avec respect, car le malheur a sa majesté. »

DIX-NEUVIÈME ARTICLE.

Les grilles de Bicêtre sont ouvertes, entrons. Oh! suivez-moi sans crainte; voyez, la pelouse est toute fleurie de blanches pâquerettes, les oiseaux chantent, le soleil reluit et rien de ce côté n'attriste l'âme. Ces bons pauvres qui se réchauffent paisiblement au foyer de Dieu, sont modestement vêtus; mais on ne voit pas grimacer la misère à leurs coudes ou à leurs genoux. N'est-ce pas une bonne retraite que celle-là, et la vie qui s'y écoule ne doit-elle pas être calme et heureuse? Oh! M. Sue a raison :

« Bicêtre serait le rêve de l'artisan veuf ou céli-
» bataire qui, après une longue vie de privations, de
» travail et de probité, trouverait là le repos, le bien-
» être qu'il n'a jamais connus. »

En France, un hospice de travailleurs manque absolument; aussi, rien de plus triste, de plus amer, de plus décoloré que la vie des artisans. Matelots privés de la lueur secourable du phare, ils travaillent machinalement et jamais un rayon doré d'espérance ne se glisse dans leur nuit. Pauvres au berceau, ils ont une enfance pénible, une dure jeunesse, et une vieillesse bien plus dure et bien plus pénible encore. C'est qu'en effet, si chaque jour amène son pain, c'est tout! Et la vie est bien longue et bien pesante quand il faut se mettre à l'œuvre dès le matin pour gagner le repas du soir. Si Bicêtre leur était permis, ce serait le but vers lequel ils marcheraient; et du moins quand ils sentiraient l'âge diminuer leurs forces, au lieu de s'en désespérer, ils penseraient que l'heure du repos serait proche, et ils béniraient le ciel.

« Malheureusement le favoritisme, qui, de nos
» jours, s'étend à tout, envahit tout, s'est emparé des
» bourses de Bicêtre, et ce sont en grande partie d'an-
» ciens domestiques qui jouissent de ces retraites,
» grâce à l'influence de leurs derniers maîtres. »

Cela est vrai ! il est des riches qui font concurrence aux artisans et, vous le comprenez, la lutte est trop inégale pour que les derniers ne succombent point. En effet, quels sont les titres de l'ouvrier? Il a travaillé pendant cinquante ans sans relâche et sans plainte; un jour arrive où sa santé se trouve ruinée par l'excès des labeurs et, vieux, infirme, il vient demander une part au dîner et une place au dortoir des pauvres. C'est bien quelque chose et cela mériterait considération, si monsieur tel ou tel n'avait réclamé la bourse vacante pour un de ses valets, brave vieillard qui servait son père, qui l'a servi, et cela avec zèle et probité. La place est donnée au domestique et il ne reste à l'artisan que le vagabondage et la mendicité. Il est vrai qu'on pourrait bien répondre à monsieur tel ou tel qu'autrefois aussi on avait de vieux domestiques, mais que l'on ne chargeait pas l'État de les nourrir quand l'âge les faisait inutiles. La reconnaissance s'exerçait à leur égard d'une tout autre façon. Ces vieux serviteurs devenaient en quelque sorte membres de la famille; on ne réclamait plus rien d'eux et ils s'éteignaient paisiblement au milieu des enfants de ceux dont ils avaient servi les pères. Mais cette réponse pourrait offenser monsieur tel ou tel, et vous concevez qu'une injustice est préférable.

« Et pourtant ne serait-il donc pas juste, moral,
» humain, que les places de Bicêtre et celles d'autres
» établissements semblables appartinssent *de droit* à
» des artisans choisis parmi ceux qui justifieraient
» de la meilleure conduite et de la plus grande in-
» fortuné? »

En France, on ne sait ce qu'est la charité. Par-ci par-là, au milieu d'un bal, on trouvera bien à récolter une fastueuse aumône, mais on se borne là. Non que nous blâmions en rien cette façon de secourir!... Eh! mon Dieu, sans le bal, au lieu d'une bourse pleine, on n'aurait à partager aux malheureux qu'une misérable somme. Quand la fête bourdonne, l'avarice a honte d'un refus, l'ostentation se déploie avec bonheur, l'amour prodigue son or pour un regard, le plaisir se laisse aller, en disant : Bath! il faut que tout le monde soit heureux de cette soirée! Mais ce n'est là qu'une chose éphémère. On ne se doute pas que tous les jours les pauvres ont froid et faim, et qu'un bal par mois ne peut les faire vivre.

En Angleterre, à la bonne heure, les malheureux ont des hospices. Il existe particulièrement dans ce pays un établissement que nous voudrions voir fonder chez nous. C'est une sorte d'hôtellerie commune où les étrangers pauvres sont reçus et hébergés gratuitement pendant un jour. Cette ressource, si minime qu'elle paraisse, est d'un secours immense pour les pauvres voyageurs qui rencontrent gratuitement ainsi, d'étape en étape, ce qu'ils ne peuvent payer, le pain et le toit.

Sur notre demande, la loge maçonnique de Jeanne d'Arc, à Orléans, doit établir dans son local deux lits à cet effet ; ainsi, les pauvres maçons pèlerins seront assurés de trouver pour rien dans notre ville une chambre pour la nuit et un souper. Ce qu'une société particulière fait pour les siens, la société humaine ne devrait-elle pas le faire pour tous ; et peut-il être permis à cette dernière d'oublier ce sublime précepte : « Les malheureux sont des hôtes divins! »

« Est-ce donc trop de demander que le petit nombre
» de travailleurs qui atteignent un âge si avancé à travers des privations de toute sorte, aient au moins
» la chance d'obtenir un jour à Bicêtre du pain, du
» repos, un abri pour leur vieillesse épuisée ?

» Il est vrai qu'une telle mesure exclurait à l'avenir
» de cet établissement les gens de lettres, les savants,
» les artistes d'un grand âge qui n'ont pas d'autre
» refuge. Oui, de nos jours, des hommes dont les
» talents, dont la science, dont l'intelligence ont été
» estimés de leur temps, obtiennent à grand'peine
» une place parmi ces vieux serviteurs que le crédit
» de leurs maîtres envoie à Bicêtre. »

Hélas! oui, en France, il est des poètes, des artistes, des hommes de science qui meurent sous la livrée des bons pauvres. Aussi, quand vous visitez Bicêtre, découvrez-vous, car cet homme enveloppé d'une houppelande grise, qui se promène là-bas, est peut-être une des gloires de notre pays; découvrez-vous, car il n'est au monde qu'une chose plus respectable, plus imposante que le malheur, c'est le génie malheureux.

Ils sont à Bicêtre, parce que la société n'a pas encore pensé que peut-être il serait juste et honorable d'avoir un hospice à part où viendraient mourir ceux-là que la patrie inscrit sur son livre d'or à quelque titre que ce soit; ce serait le Panthéon des vivants, et si ce n'était aussi beau, aussi noble que le

Panthéon des morts, au moins serait-ce plus utile.

Mais, non pas vraiment, la société a bien autre chose à faire ! Elle vous donne la Madeleine, moyennant 8 ou 10 millions *e tutti quanti*.

Qu'importe après cela que Moreau meure à l'hôpital dans le lit de Gilbert ?

VINGTIÈME ARTICLE.

Au moment de clore son œuvre, M. Eugène Sue a senti le besoin de revenir sur la grave question de la peine de mort.

L'échafaud ne remédie à rien, nous l'avons dit, et le spectacle hideux d'une tête qui tombe sous le couperet de la loi n'est ni un châtiment assez fort, ni un exemple salutaire. Ainsi, la *toilette* se fait dans l'ombre, en secret, et pourtant, « quoique dépouillée de cet
» appareil à la fois formidable et religieux dont de-
» vraient être au moins entourés tous les actes du
» suprême châtiment que la loi inflige au nom de la
» vindicte publique, la toilette est ce qu'il y a de plus
» terrifiant dans l'exécution de l'arrêt de mort, et
» c'est cela que l'on cache à la multitude. »

Effectivement, tout ce qui précède l'exécution est occulte, et la foule n'est qu'au dernier moment avertie de la scène terrible que la justice va faire passer sous ses yeux.

« Au contraire, en Espagne, par exemple, le con-
» damné reste exposé, pendant trois jours, dans une
» chapelle ardente ; son cercueil est continuellement
» sous ses yeux ; les prêtres disent les prières des
» agonisants ; les cloches de l'église tintent nuit et
» jour un glas funèbre. »

Voilà qui est grand! voilà qui est imposant! Dans cette chapelle ardente, au pied de l'autel que surmonte l'image d'un Dieu de miséricorde et de paix ; à côté du cercueil que la loi va prématurément clouer sur lui, le patient est agenouillé, entre l'attente du châtiment des hommes et l'espoir d'un divin pardon. Pendant trois jours, les prêtres psalmodient les prières des agonisants et les cloches des églises annoncent à la ville qu'un criminel fait la *veille de l'échafaud.* On conçoit alors qu'en entrant dans cette chapelle le peuple éprouve une crainte salutaire devant ce spectacle imposant et lugubre.

De plus observons qu'on arrive encore, par ce moyen, à faire comprendre aux condamnés toute l'énormité de leurs crimes, et à les rendre à Dieu humbles et repentants. En France, au contraire, vu le peu de temps qui s'écoule entre le moment où l'on apprend au coupable la chute de sa dernière espérance et l'heure de l'exécution, vu l'isolement obscur où il est laissé, le bourreau ne frappe qu'un cadavre, ou bien le patient salue la guillotine avec un cynisme révoltant et qui dépose, dans les masses, des germes de mépris et de dédain pour le châtiment social. En un mot le condamné est encore brisé par la révolution violente que lui a causée la nouvelle de sa fin prochaine, et se laisse faire atone, inerte, sans voix; ou rien ne l'a élevé vers le repentir. Dans l'un et l'autre cas, le but du législateur n'est pas atteint.

Non, certes! le spectacle de l'échafaud ne moralise pas. Rien de plus ignoble et de plus mesquin à la fois qu'une exécution. La nouvelle, quoique tenue secrète, a transpiré. La foule, avide et inquiète, s'agite dans le parcours ordinaire de la fatale charrette. Un cri se fait entendre : « Le voilà ! » et sitôt, tous se précipitent, se heurtent, se renversent... Quelques gendarmes entourent la voiture, et quelle voiture ! Un prêtre est à côté du patient ! derrière, et assis sur un panier, se tient le bourreau. Ces détails circulent de bouche en bouche, on interpelle le misérable qui marche vers l'éternité.... des injures, des blasphèmes se croisent, et c'est ainsi qu'on arrive au pied de l'échafaud.

Là, le patient embrasse une dernière fois le prêtre, on le hisse sur la plate-forme et, un instant après, tout est fini; puis la foule s'écoule, et il ne reste que quelques enfants qui s'amusent à jouer sur la guillotine en attendant que le charpentier vienne la démonter. Rien de plus ignoble et de plus mesquin, nous le répétons. En France, le bourreau conduisant un criminel à la mort ressemble au boucher qui mène des bêtes à l'abattoir. Il n'y a de différence que dans le patient.

« En Espagne, le jour du supplice est un jour de
» deuil public : les cloches de toutes les paroisses
» sonnent les *Trépassés;* le condamné est lentement
» conduit à l'échafaud, avec une pompe imposante,
» lugubre, son cercueil toujours porté devant lui ;
» les prêtres chantent les prières des morts, mar-
» chant à ses côtés; viennent ensuite les confréries
» religieuses, et enfin les frères quêteurs demandant
» à la foule de quoi faire dire des messes pour le
» repos de l'âme du supplicié.

» Sans doute, tout cela est épouvantable; mais cela
» est logique, mais cela est imposant..... mais cela
» montre que l'on ne retranche pas de ce monde une
» créature de Dieu pleine de vie et de force comme on
» égorge un bœuf.

» Au point de vue de la société, de la religion, de

» l'humanité, c'est pourtant quelque chose qui doit
» importer à *tous* que cet homicide juridique commis
» au nom de *l'intérêt de tous.* »

L'*aveuglement* et l'isolement, voilà un châtiment terrible et salutaire! un châtiment qui retiendrait ceux qui chancellent et permettrait le repentir à ceux qui sont tombés.

Le repentir, dites! ne serait-ce pas œuvre grande et noble à la société de rattacher au bien l'homme qui aurait glissé sur la pente du crime?...

La tâche que nous avions entreprise est terminée. M. Sue a fini son beau livre! grâces lui soient rendues encore une fois avant de clore, pour ses belles et pieuses théories qui nous ont mis à même de discuter ce qu'il y a de profondément vicieux dans notre organisation sociale. Nous voudrions avoir apporté dans cette discussion autant de talent que nous y avons mis de conscience; mais, néanmoins, si nous avons un peu contribué à vaincre les sottes répugnances qui saluaient les premières parties de ce remarquable ouvrage nous nous estimerons heureux. Du reste c'est avec quelque orgueil que nous voyons chacun aujourd'hui rendre justice à l'œuvre de M. Sue, nous qui, des premiers, avons suivi l'auteur dans les magnifiques voies d'amélioration qu'il a tracées à nos gouvernants. Et maintenant, que M. Sue nous mette bientôt à même, en publiant les *Mémoires du Juif-Errant*, de redire avec Fénelon : « Heureux ceux qui s'instruisent en s'amusant! »

Eugène Woestyn,
Rédacteur en chef.

TABLE DES CHAPITRES.

Chap. Ier. Gerolstein. — Lettre du prince Henri d'Herkaüsen-Oldenzaal au comte Maximilien Kaminetz. 1

II. — Du même au même. 21

III.— Du même au même. 43

IV. La princesse Amélie 71

V. Les souvenirs 109

VI. Aveux. 131

VII. La profession. 155

Chapitre dernier. Rodolphe à Clémence 177

Poésies sur les Mystères de Paris par Mme F. Denoix. 215
Les Mystères de Paris, articles critiques par M. Eugène Woestyn, extrait du Foyer, journal publié à Orléans 303

www.ingramcontent.com/pod-product-compliance
Lightning Source LLC
Chambersburg PA
CBHW052038230426
43671CB00011B/1706